Cycle

Edita: Edicions Garabattage, 2008
Equip editorial: Riki Blanco, Luci Gutiérrez, Pau Masiques, Josep Rodés i Marc Torrent
Traducció de l'anglès: Laura Calvo

Maquetació: www.estudifosch.com
Tipografia: Pradell (Andreu Balius)

c/ Encarnació 24, semi-sòtan
08012 Barcelona
t (34) 667 788 770
garabattage@gmail.com

Impressió: Sagrafic s.l.
Dip. legal: B–2281–2008
ISBN: 978–84–612–1482–2

Generalitat de Catalunya
Entitat Autònoma de Difusió Cultural

Cycle

Ruth Gwily

garabattage

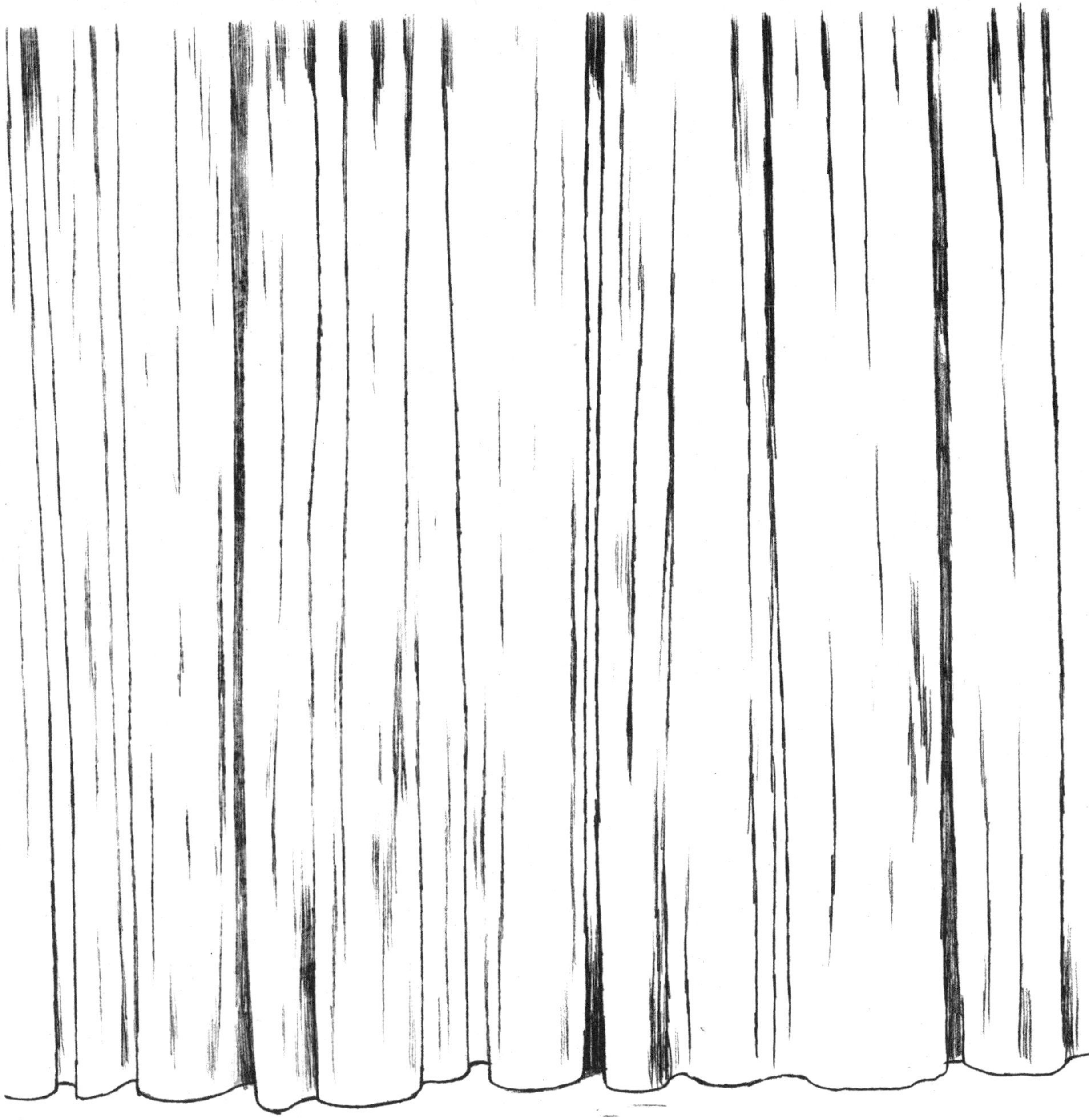

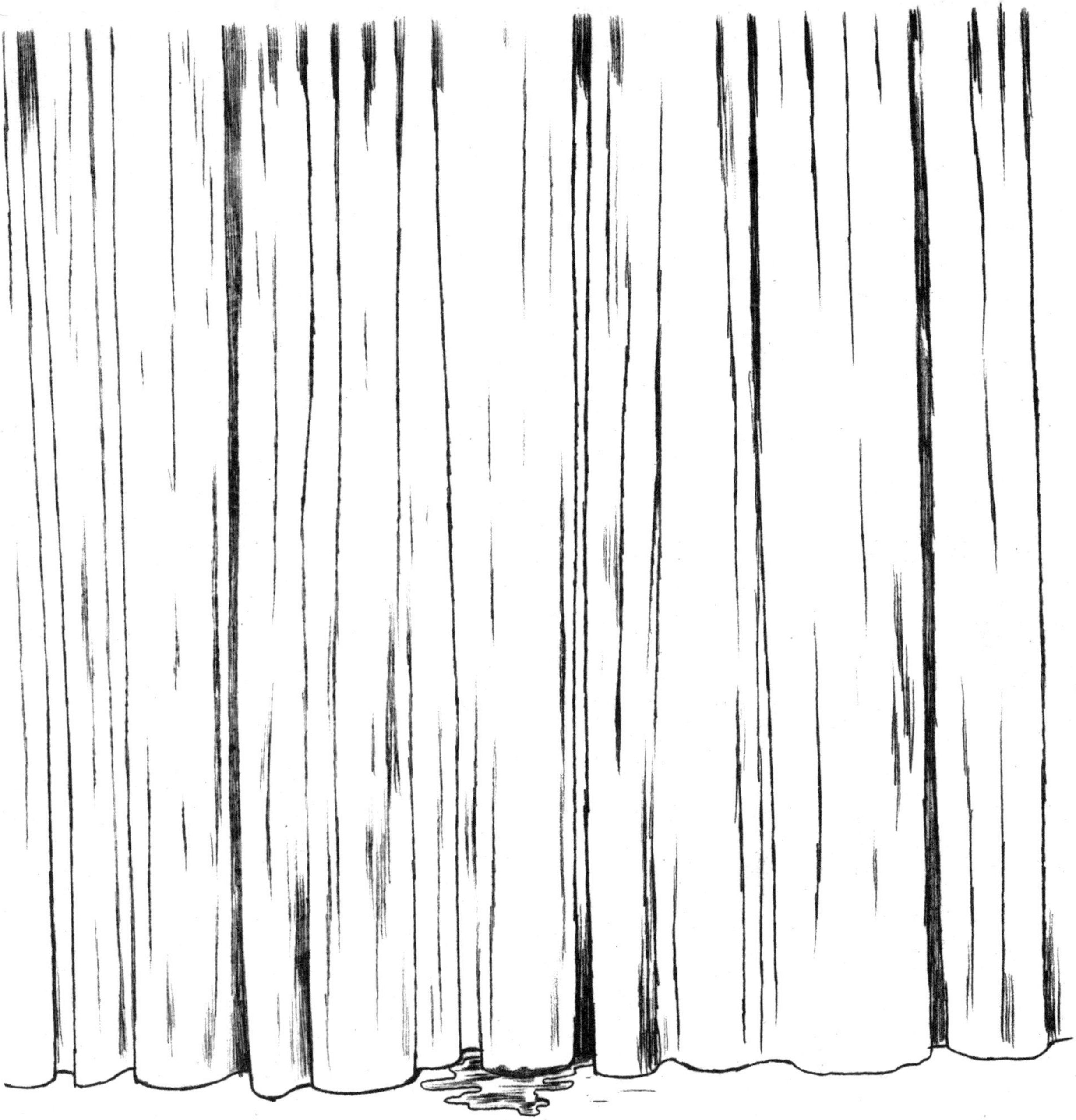

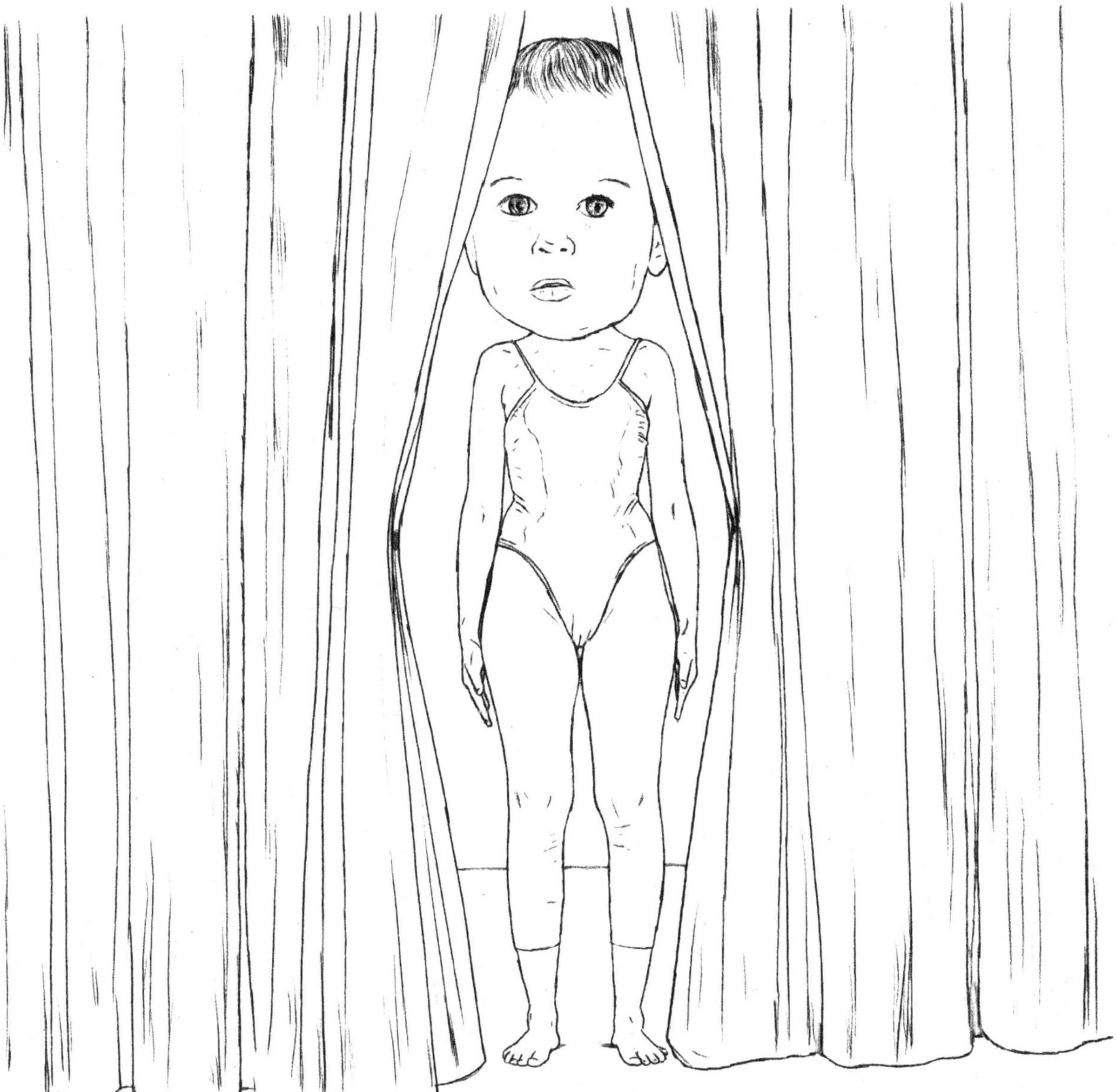

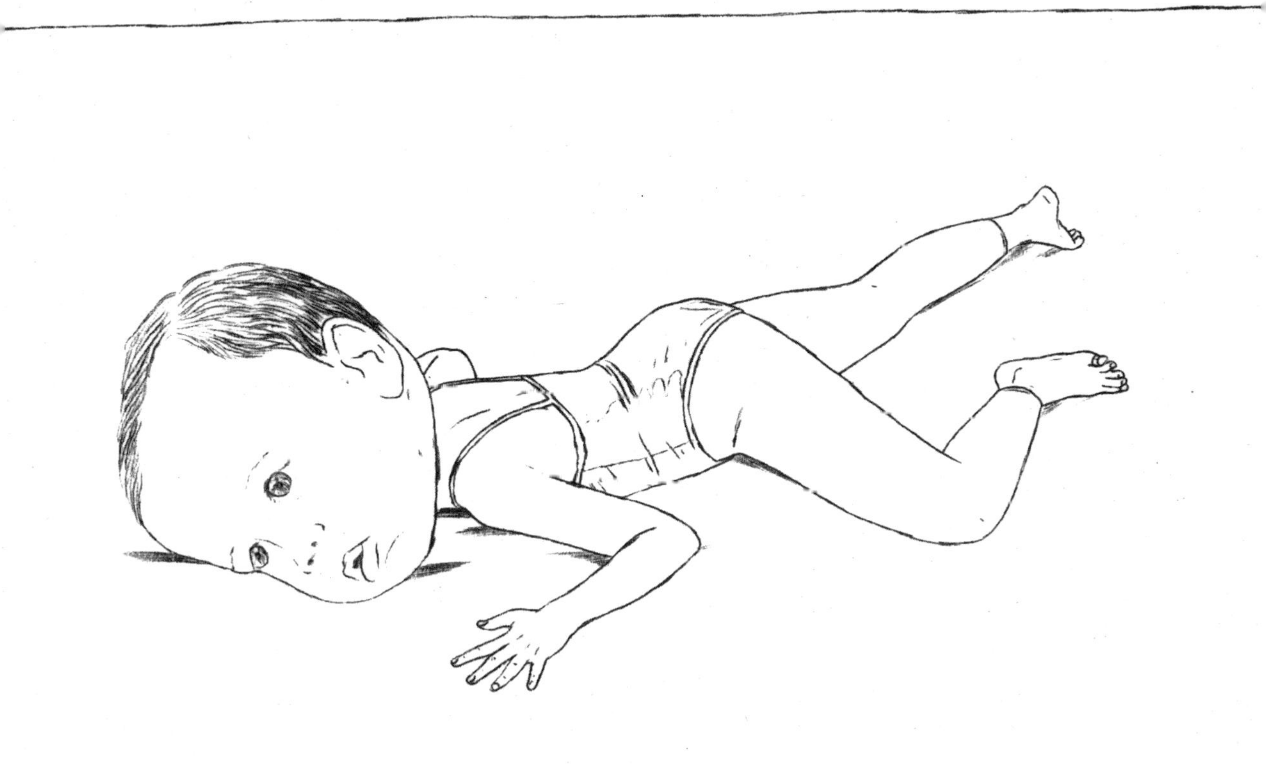

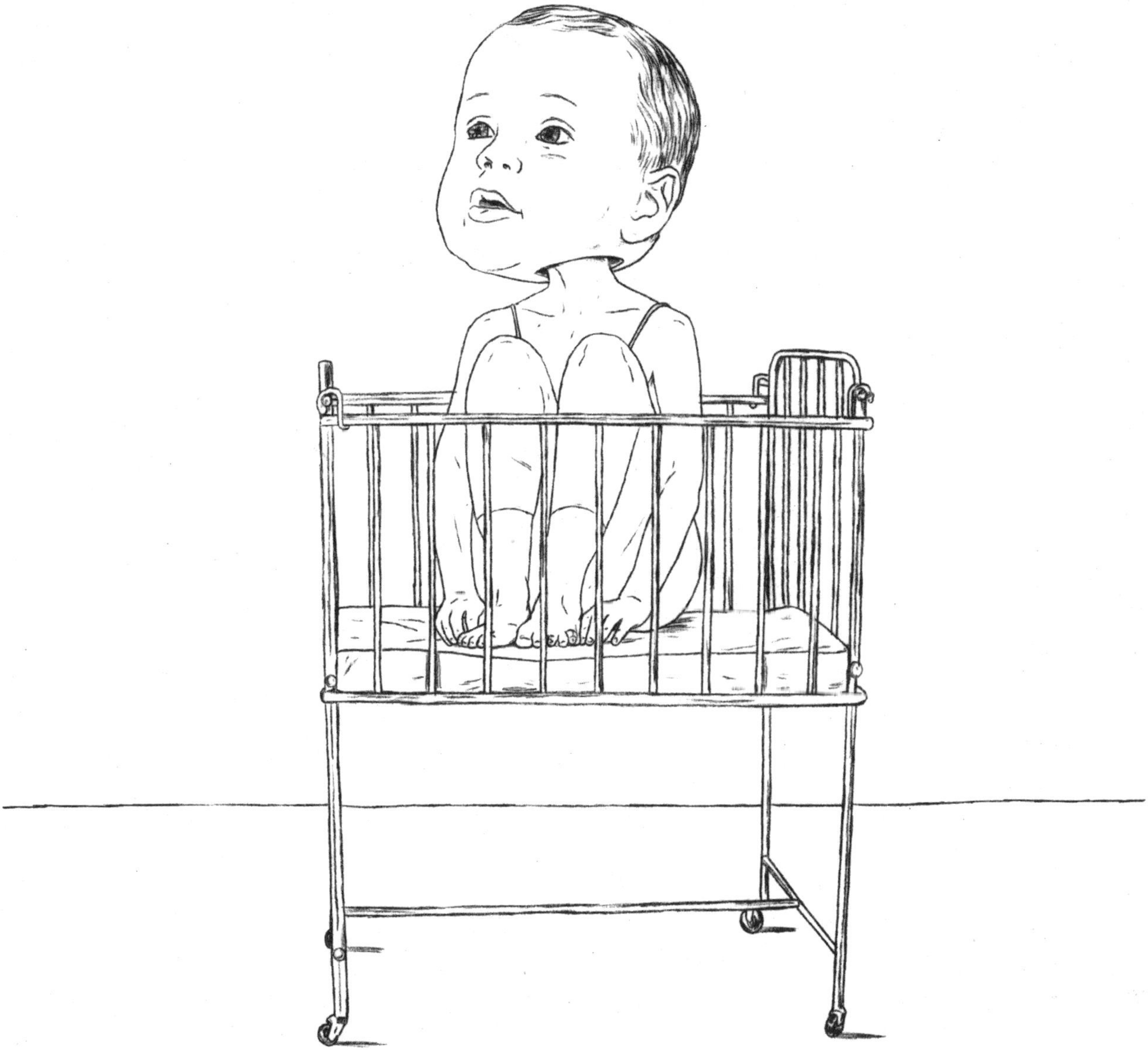

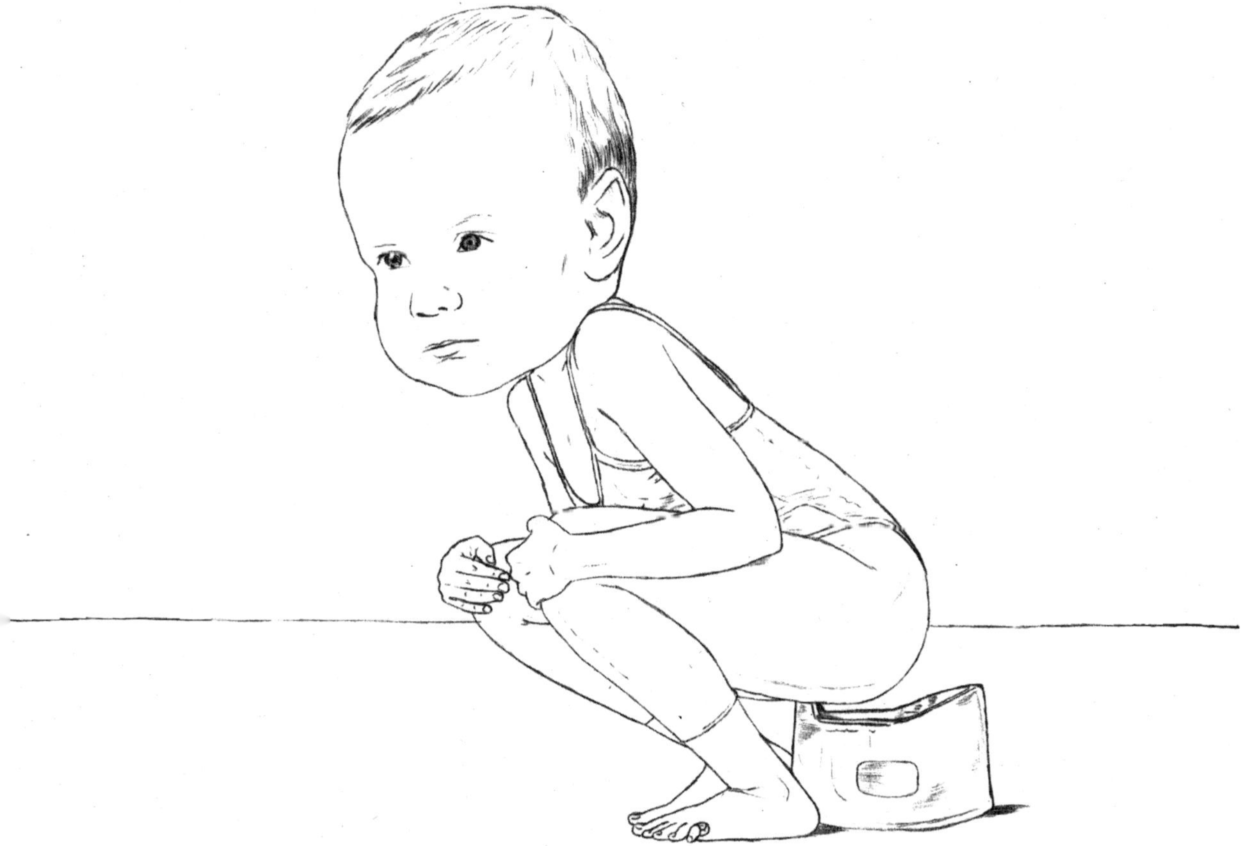

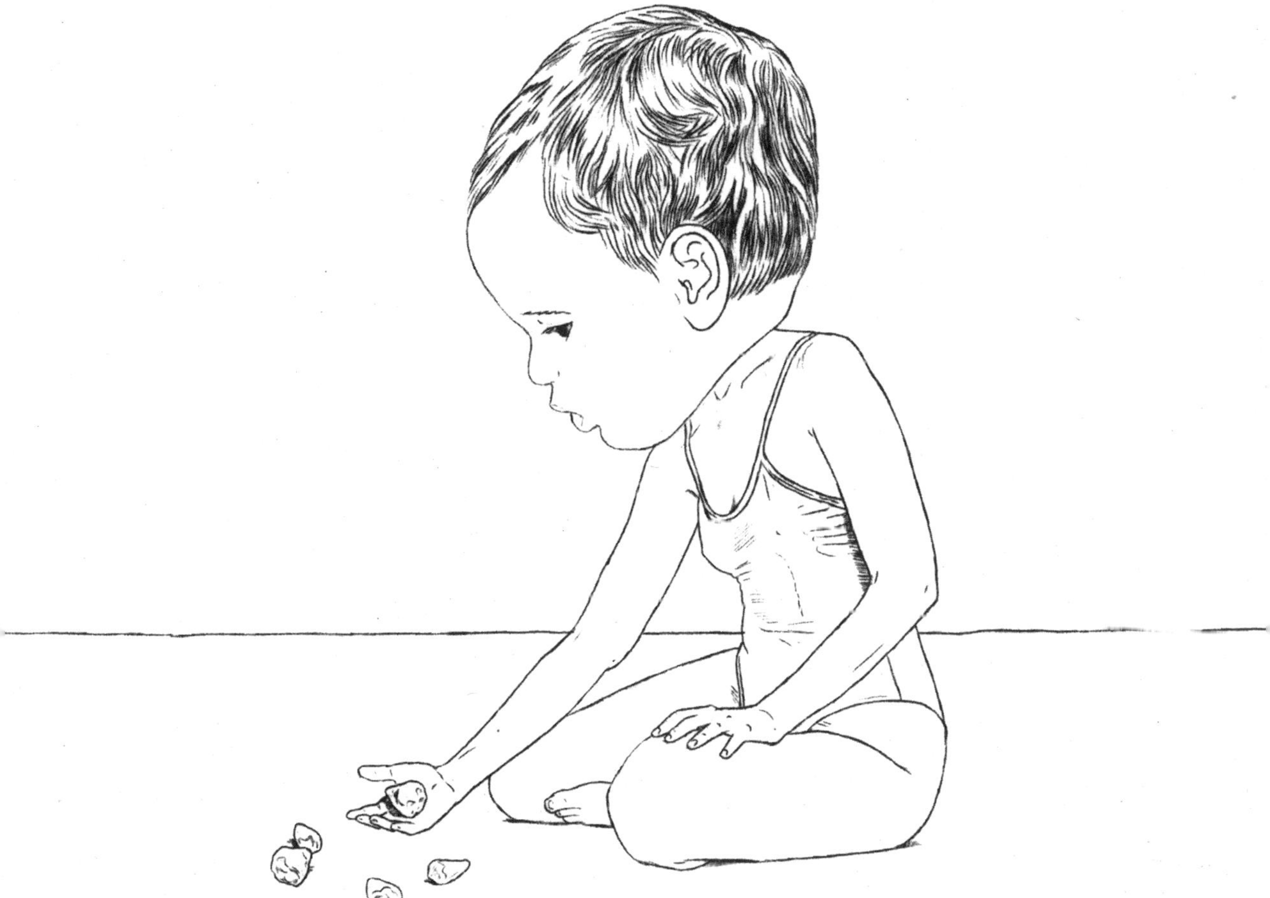

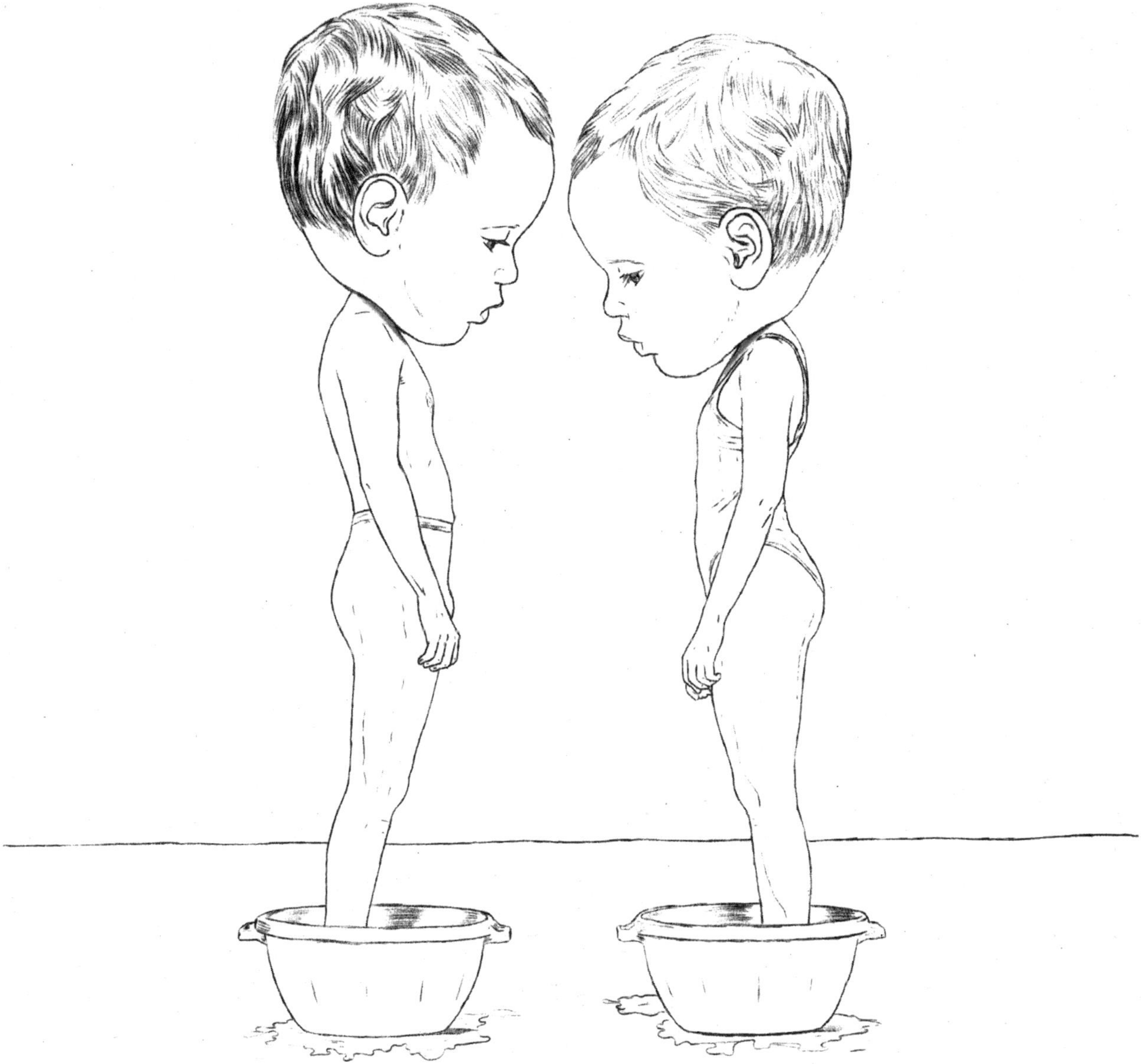

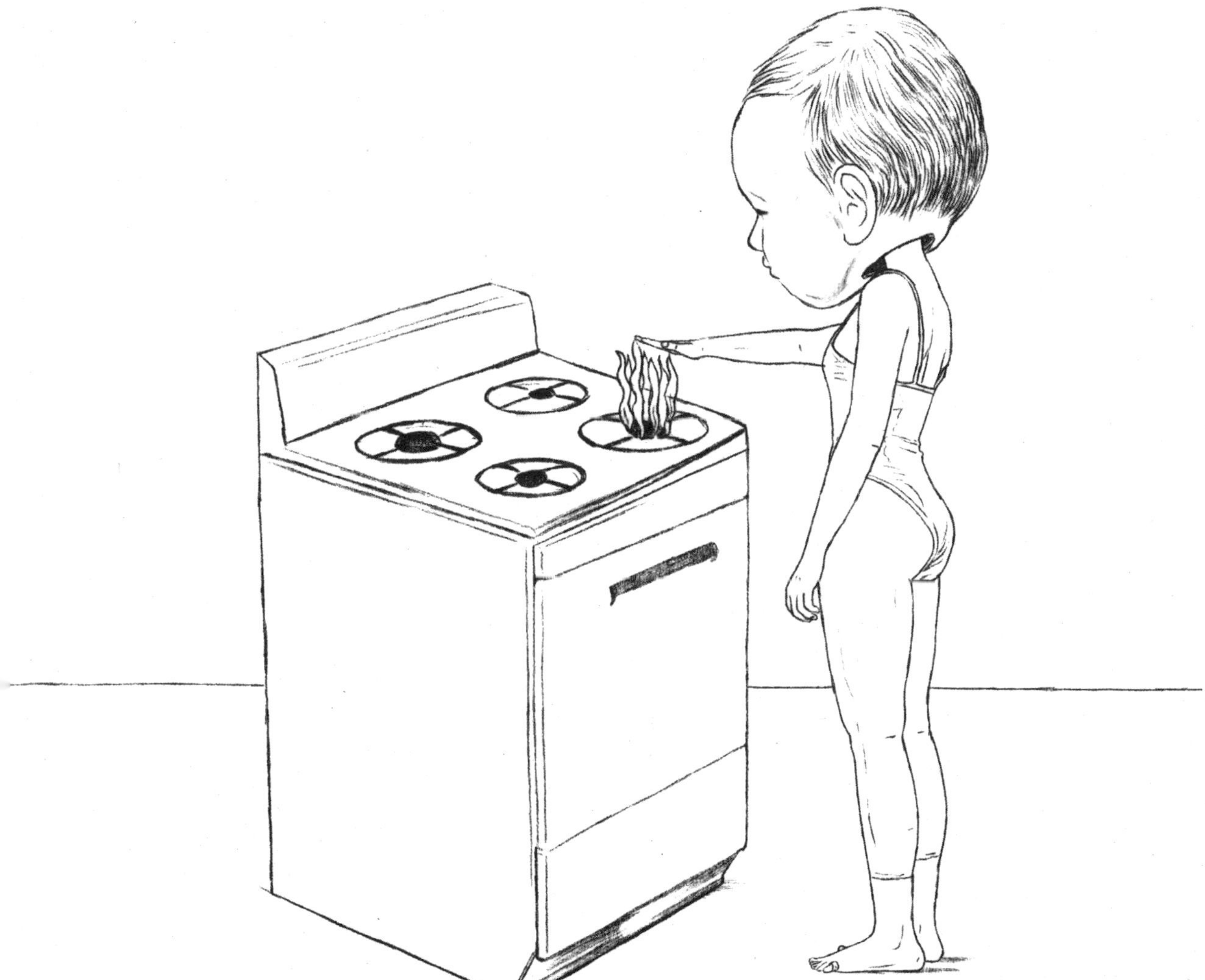

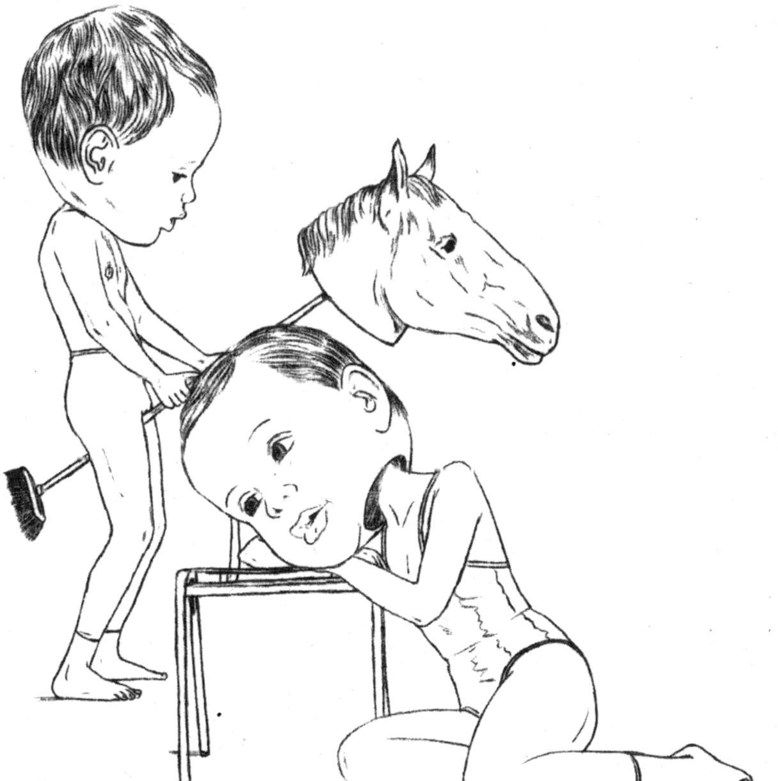

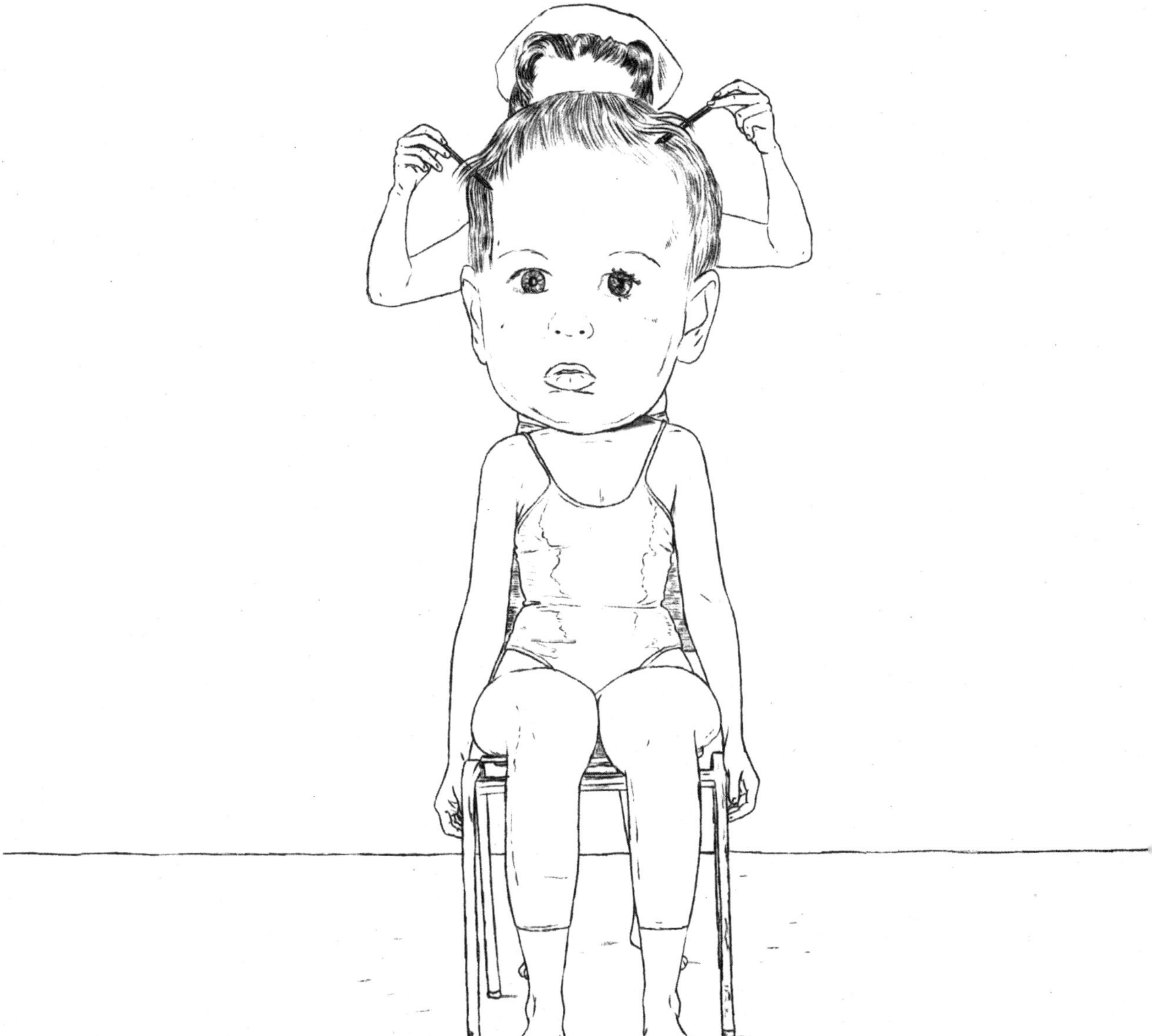

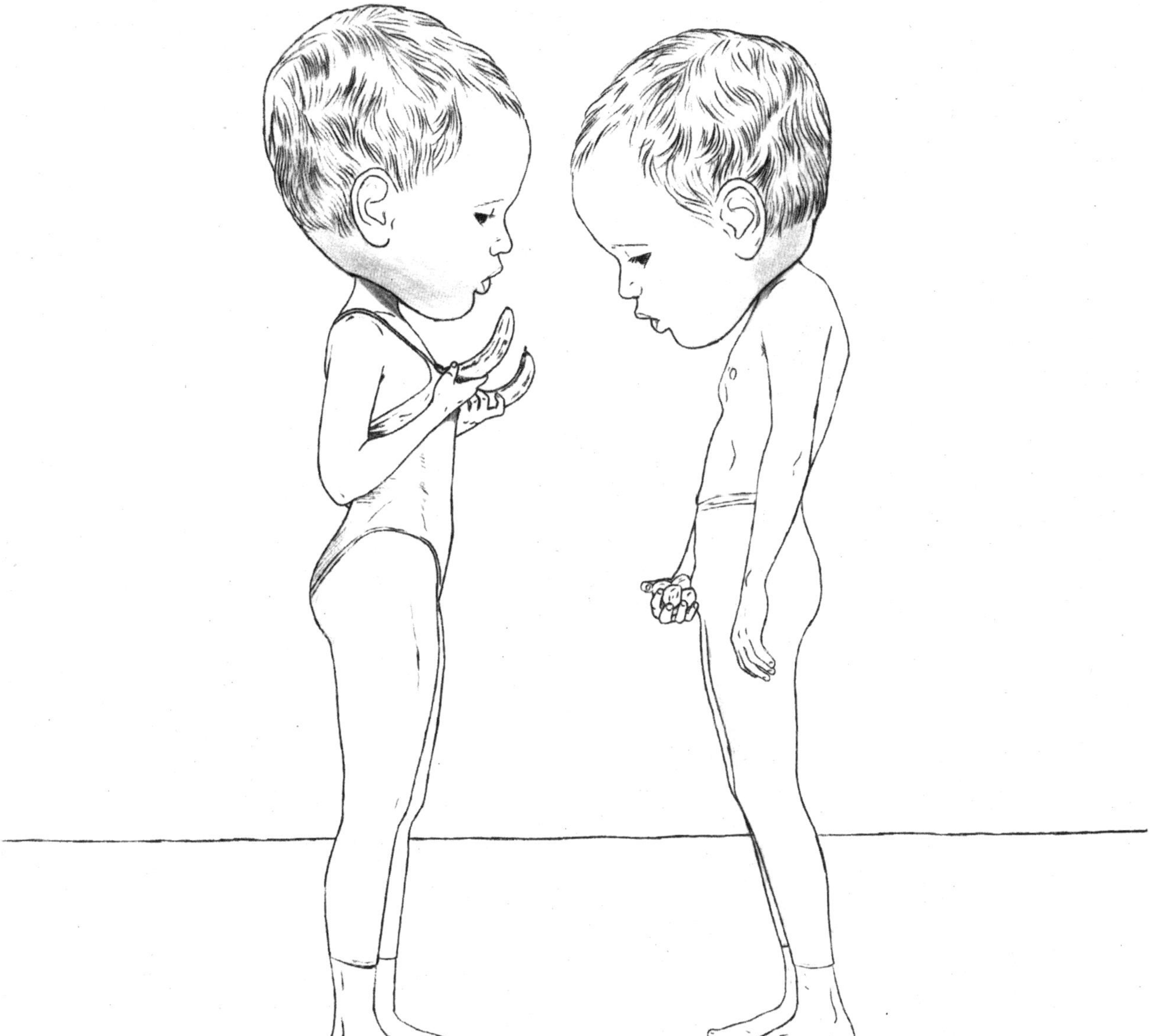

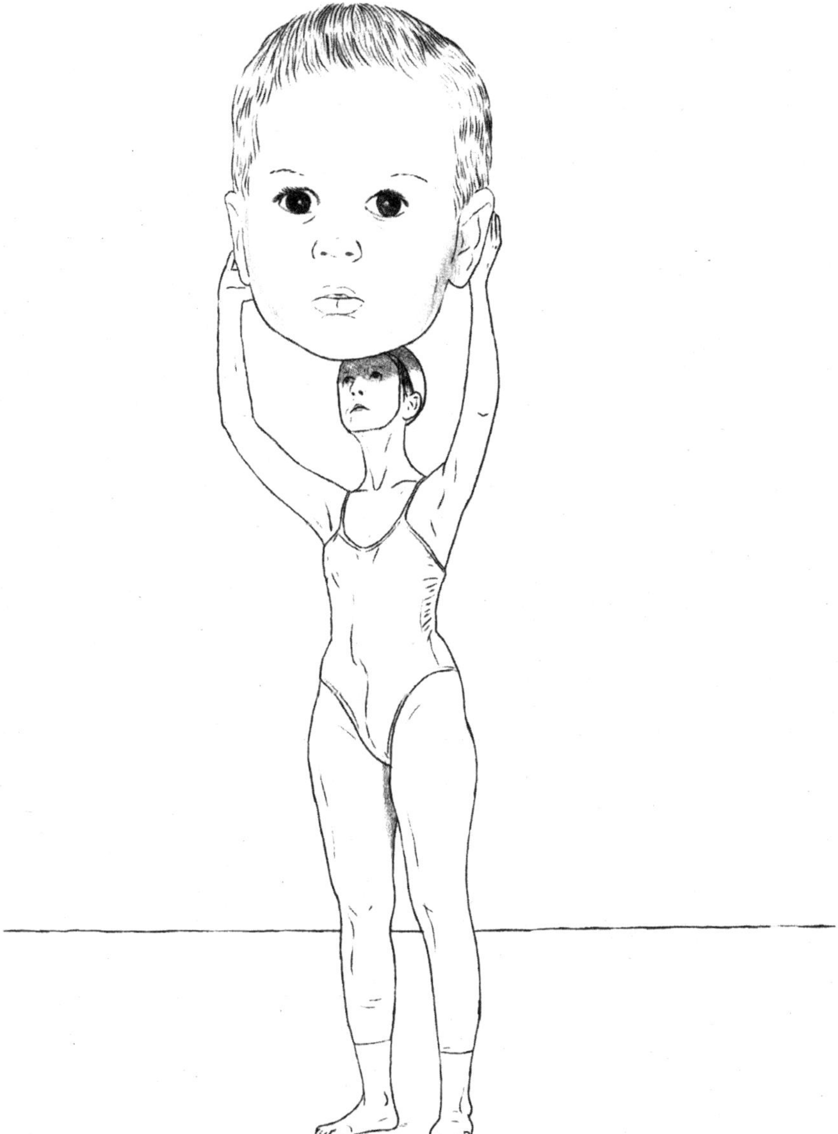

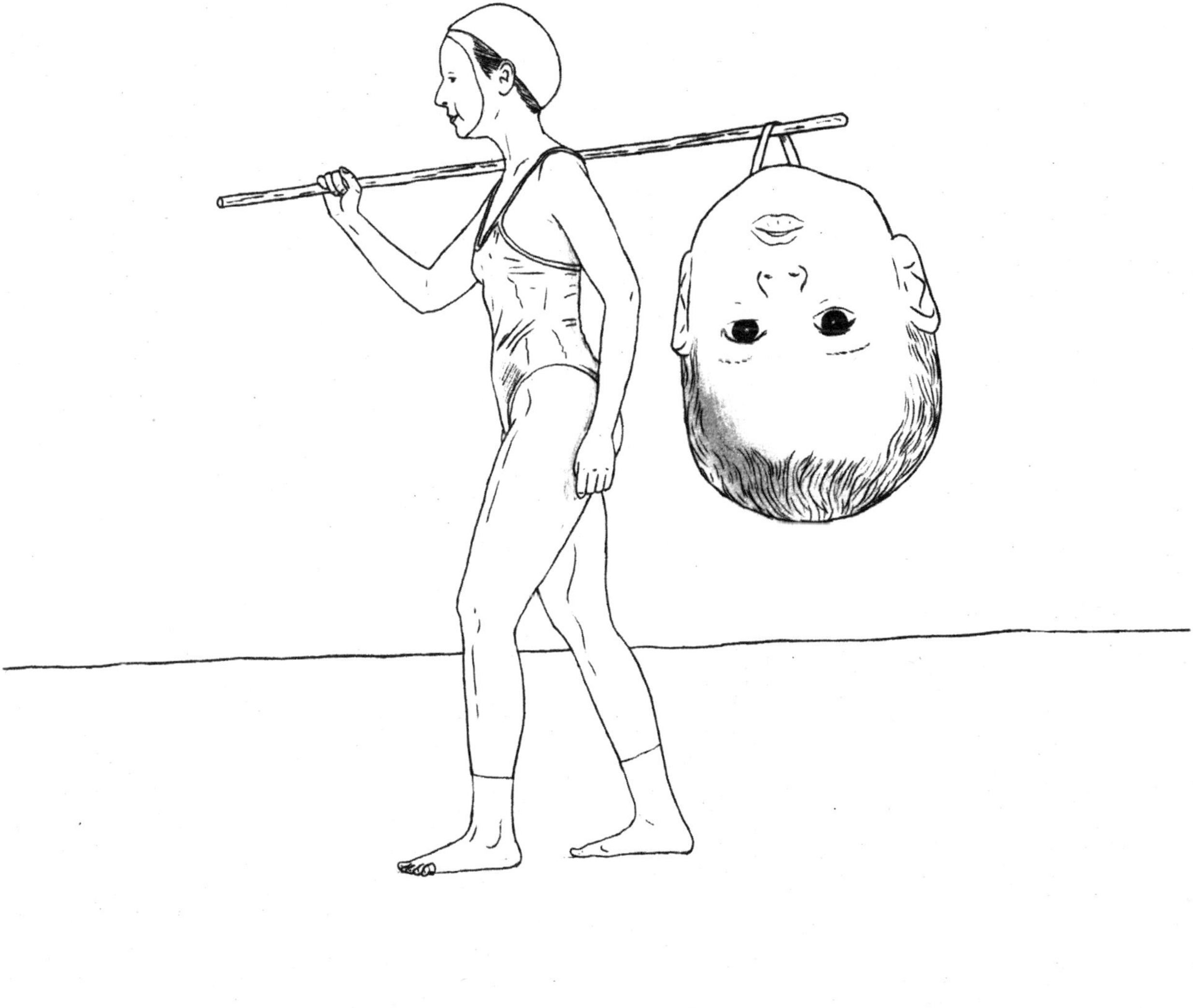

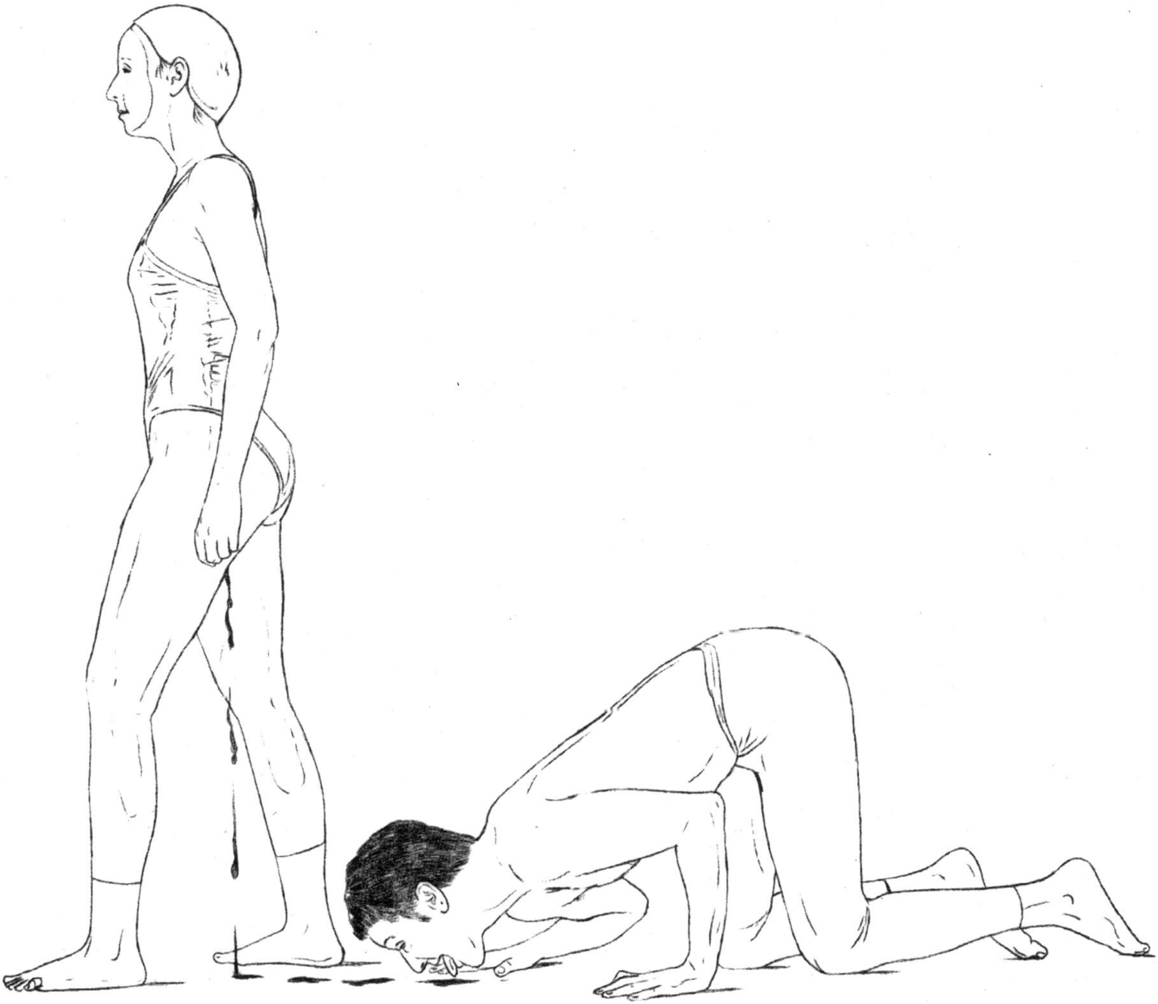

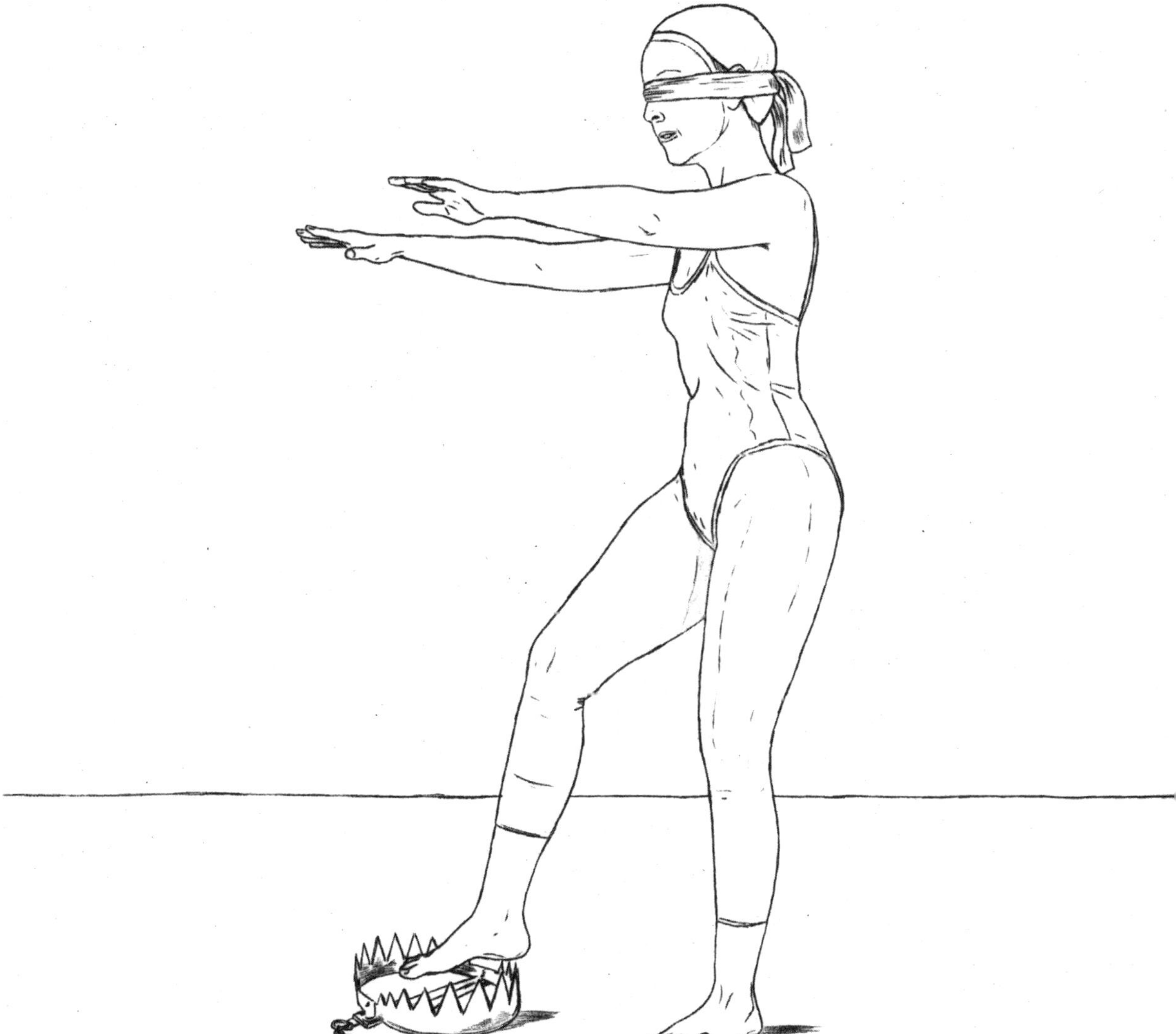

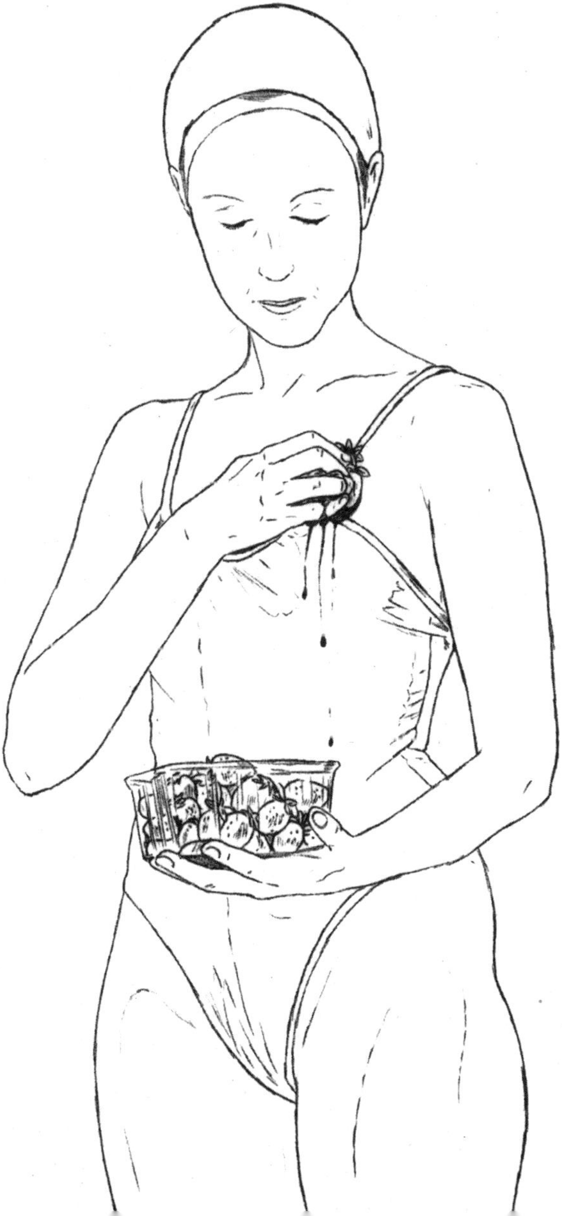

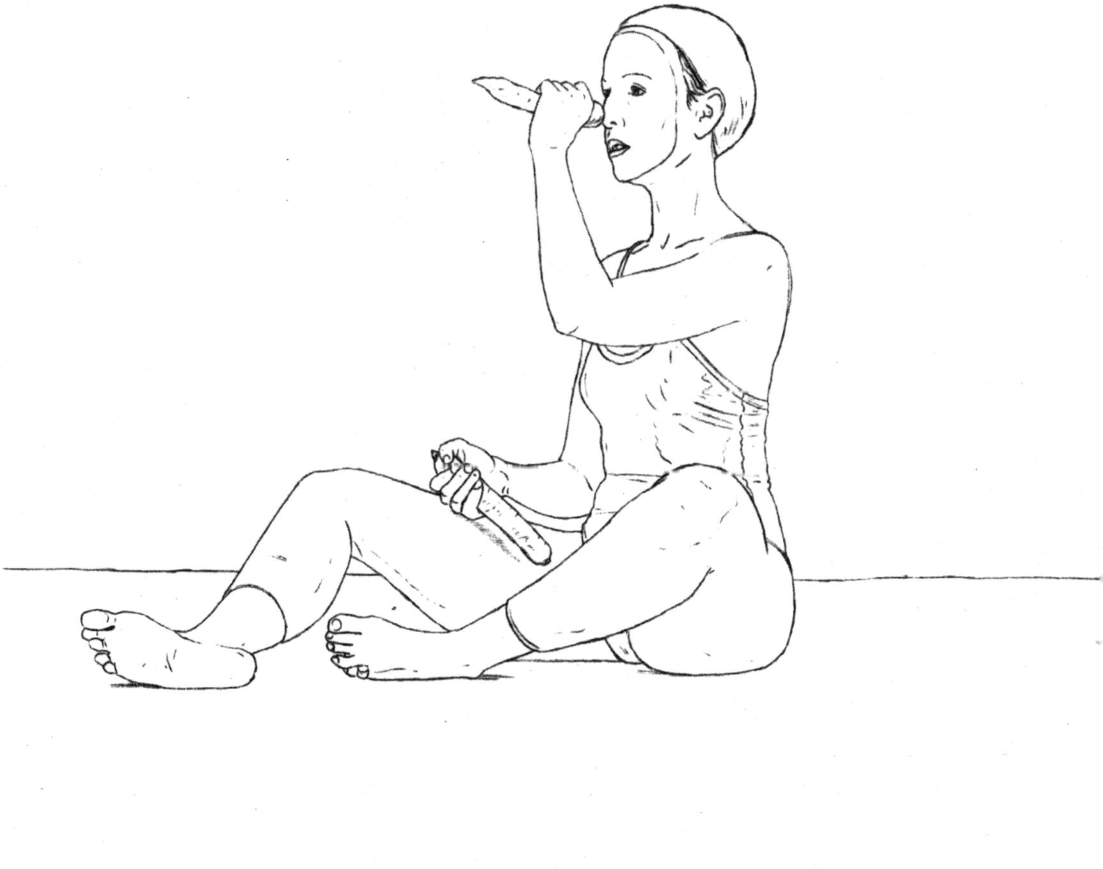

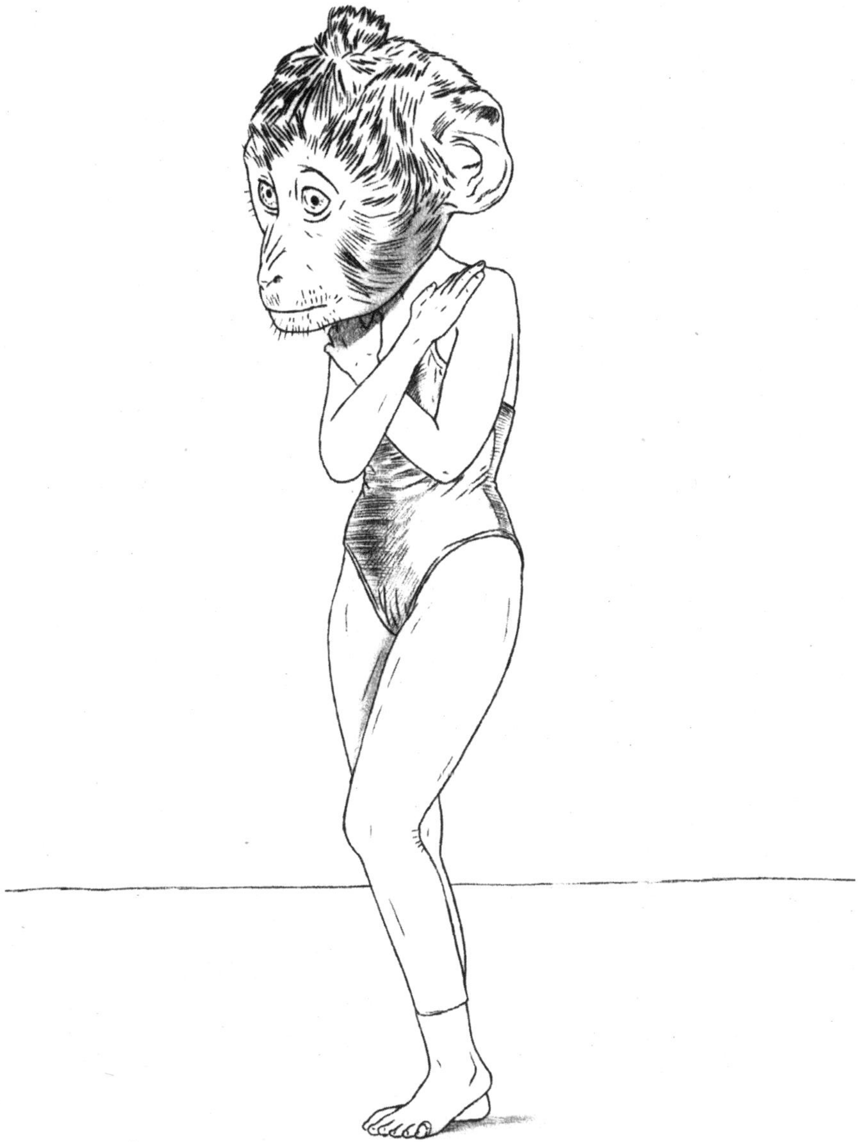

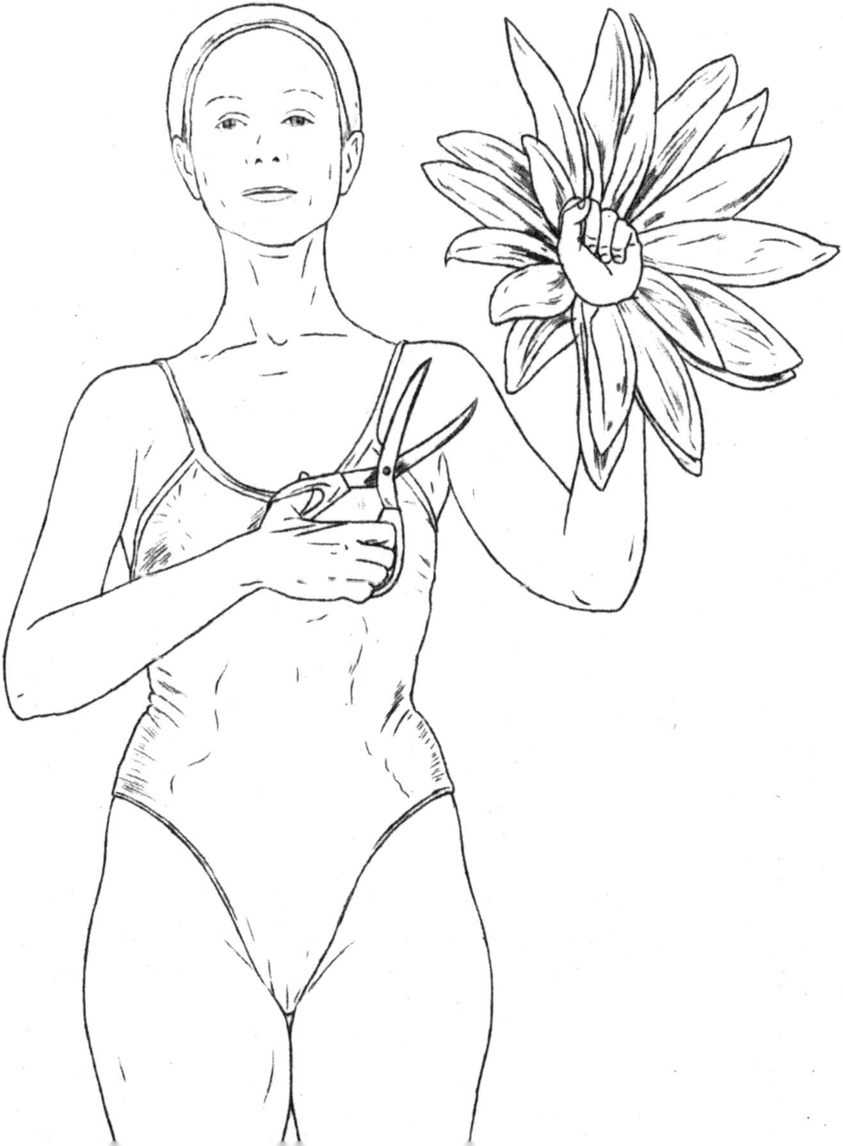

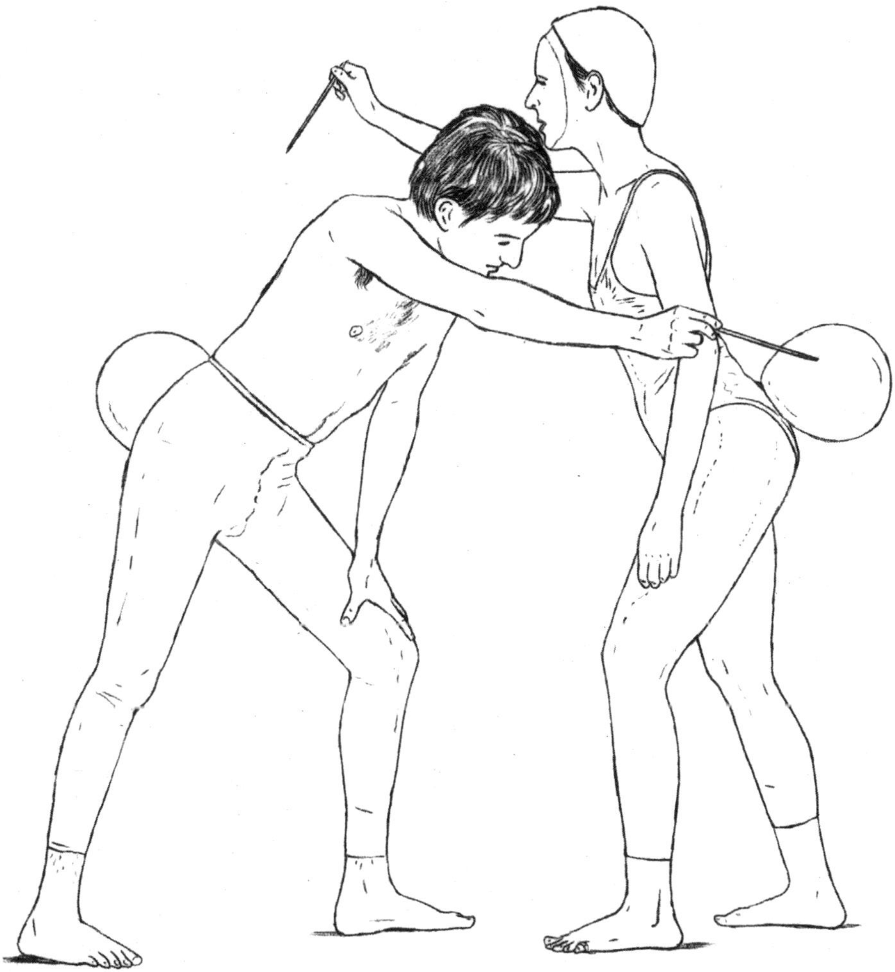

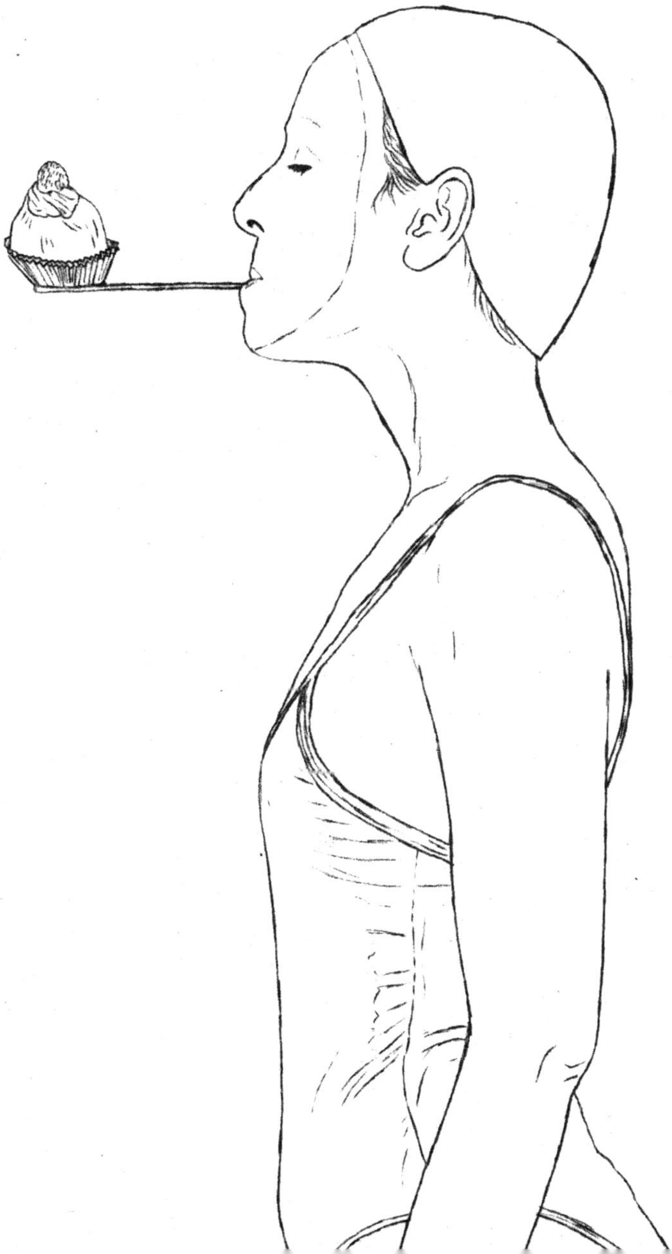

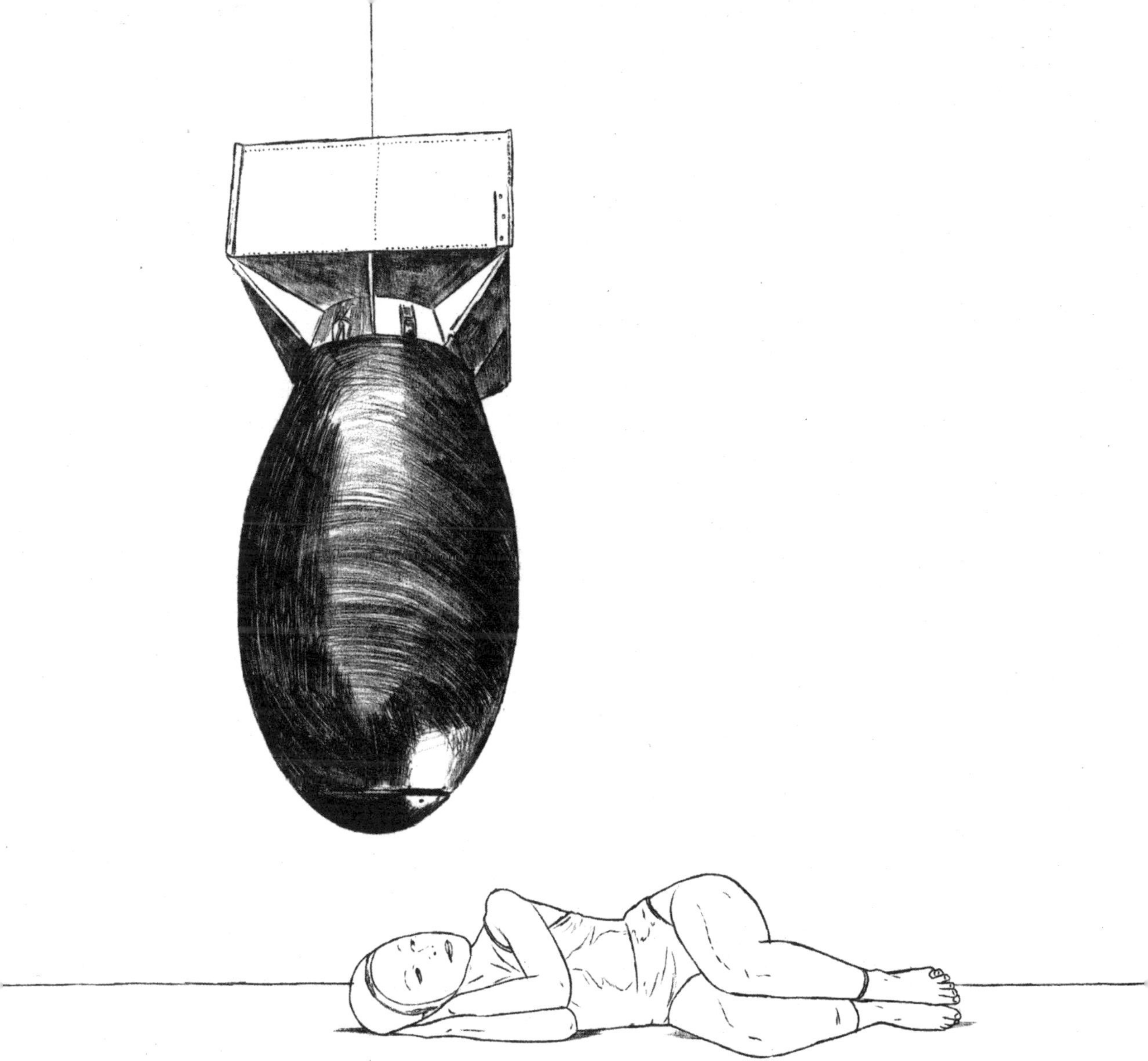

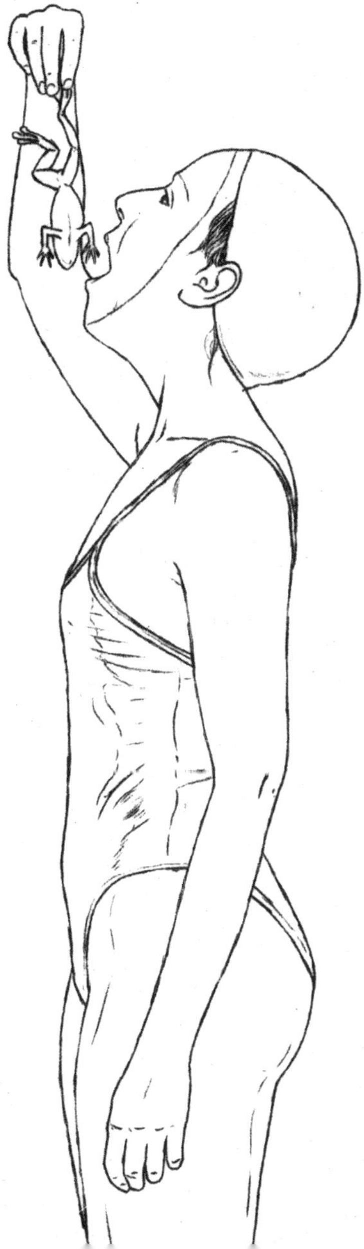

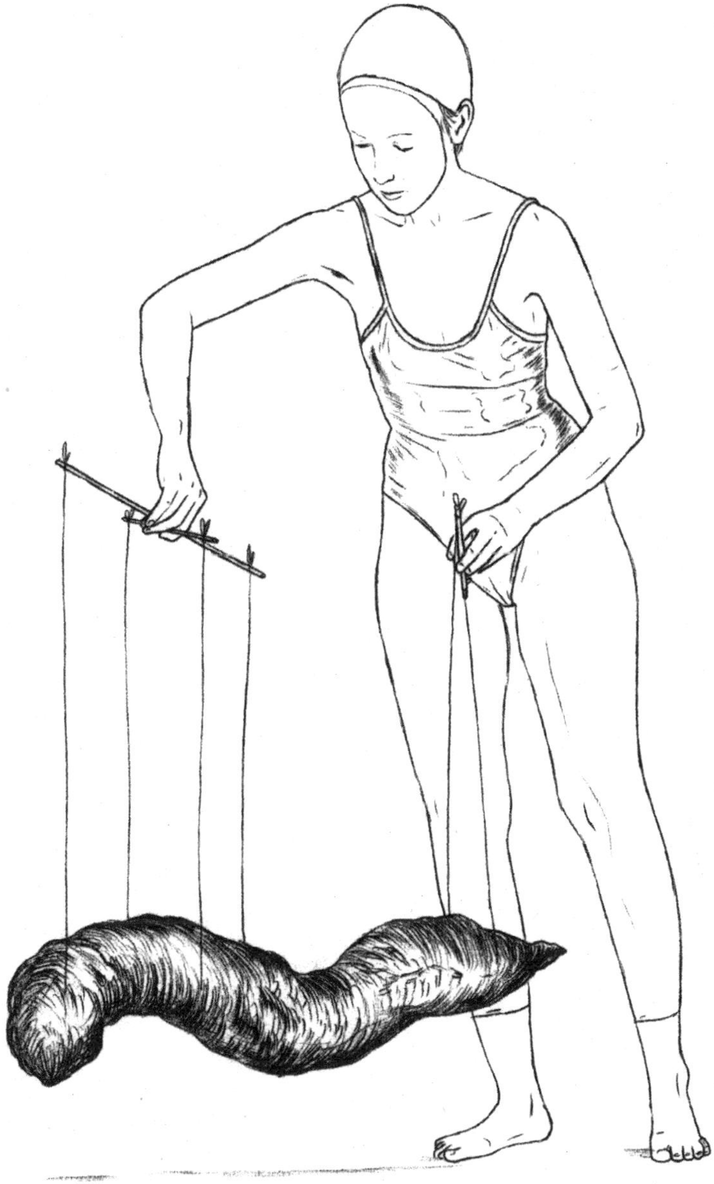

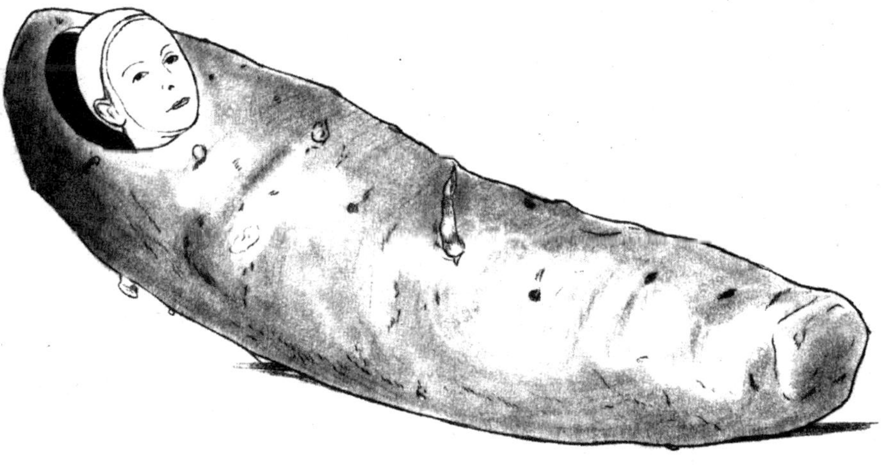

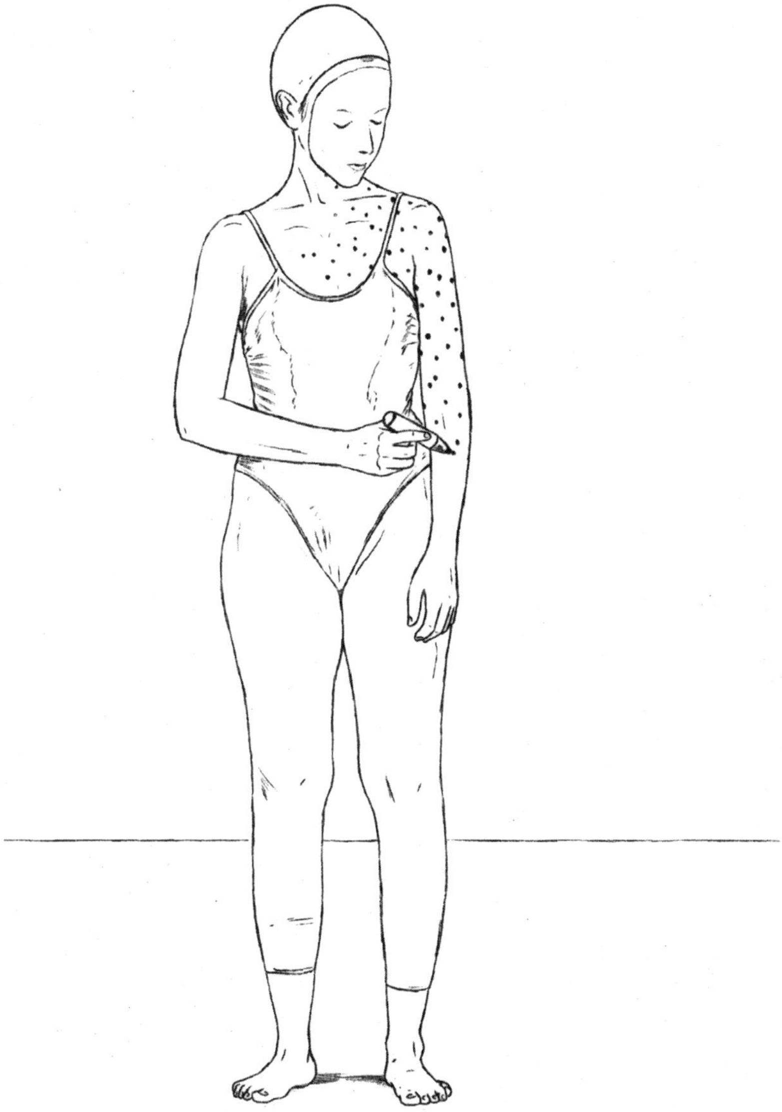

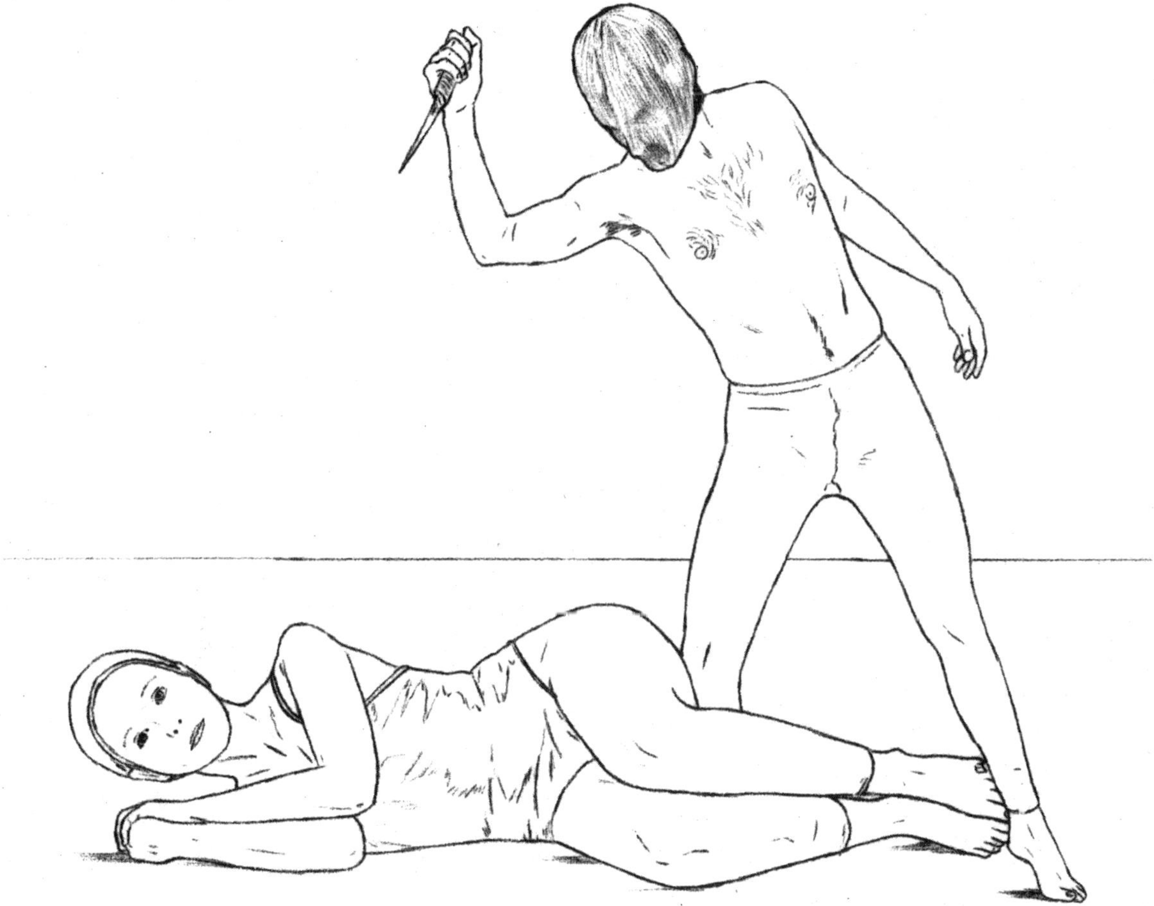

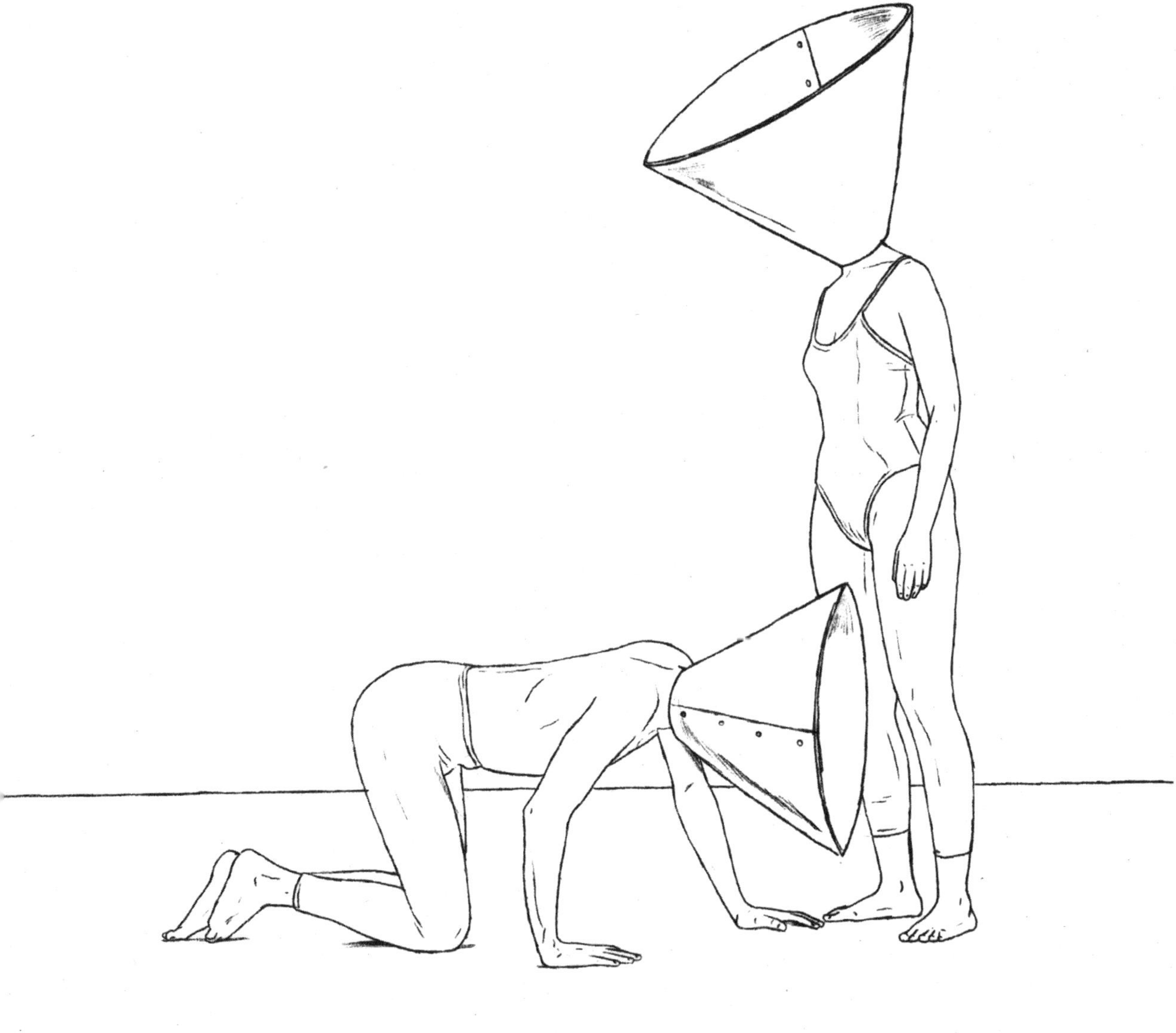

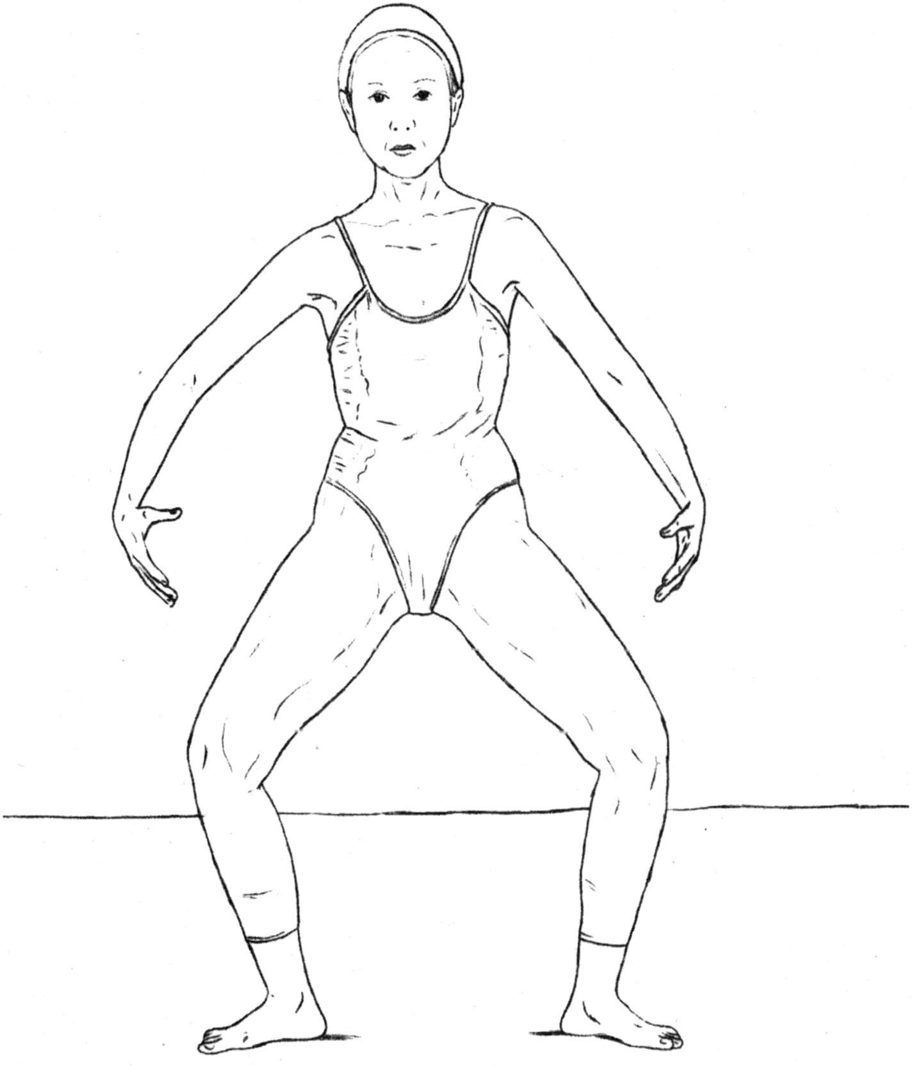

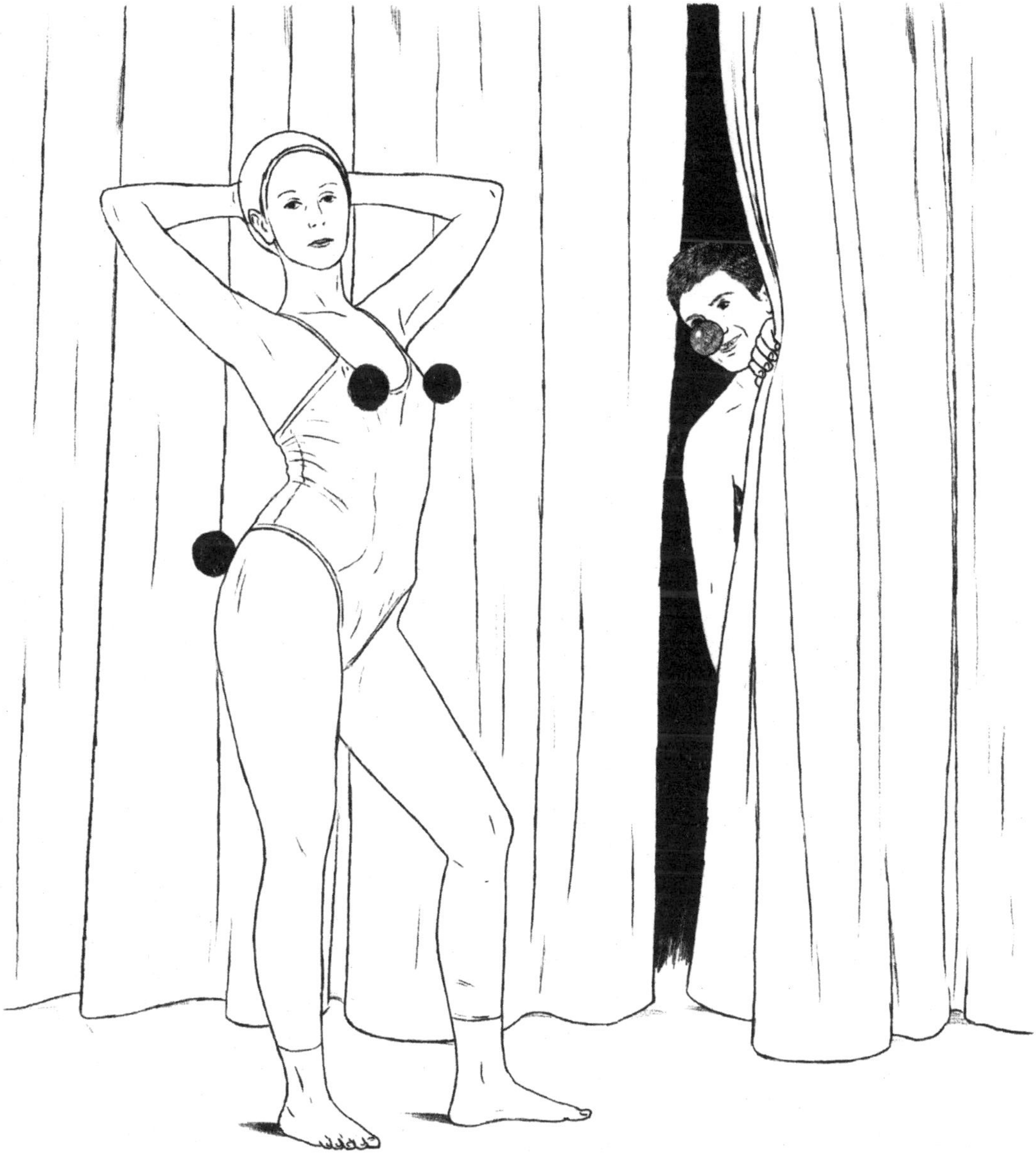

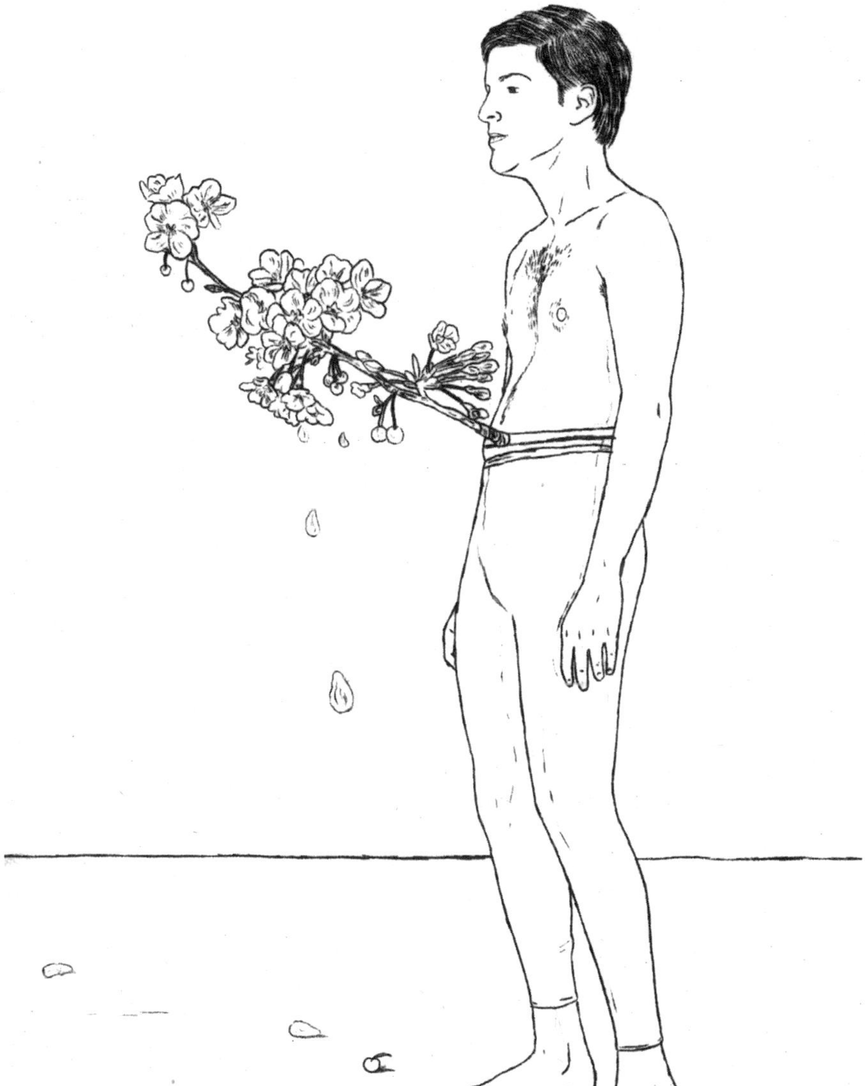

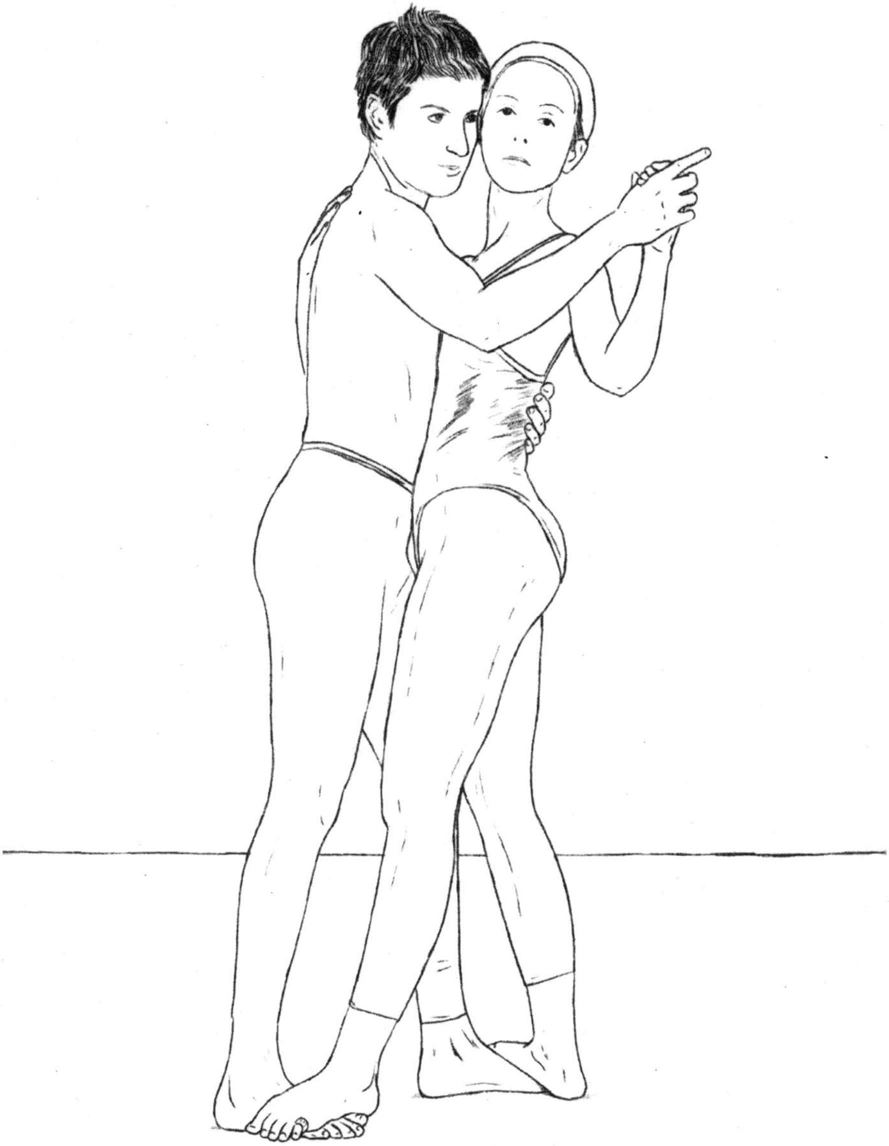

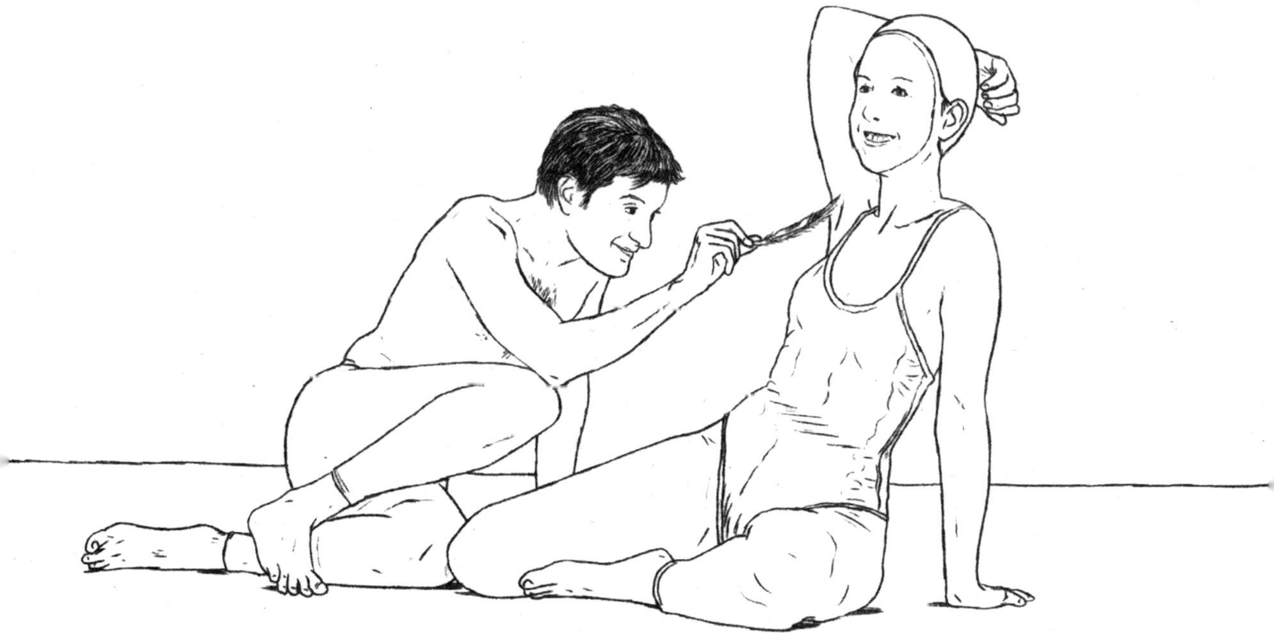

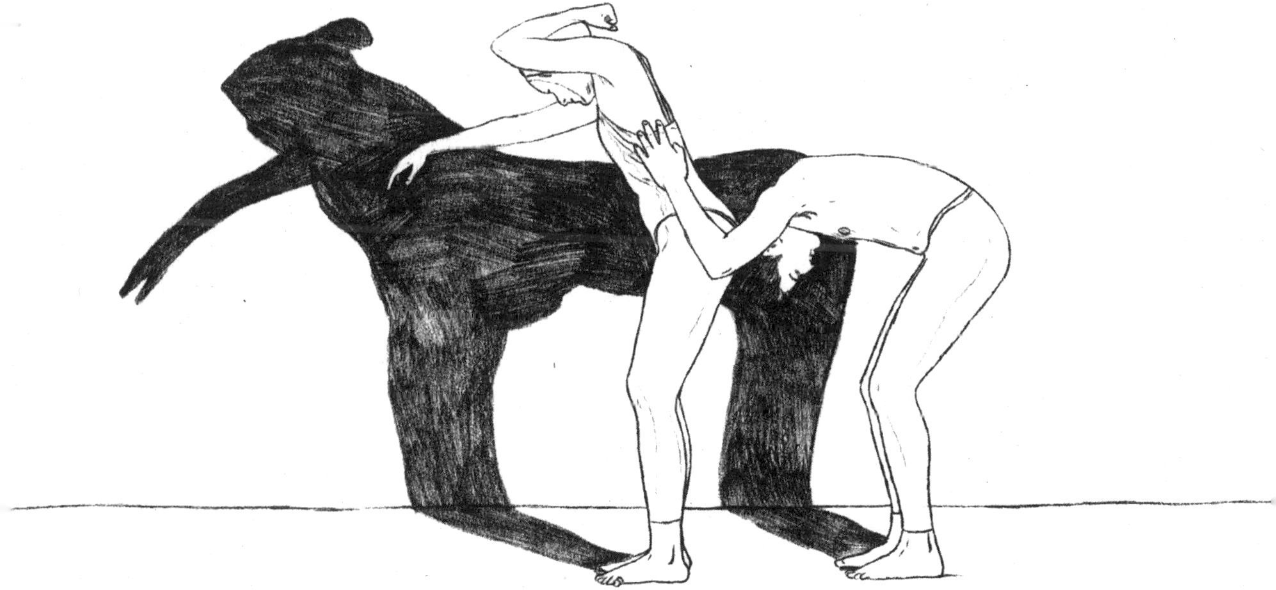

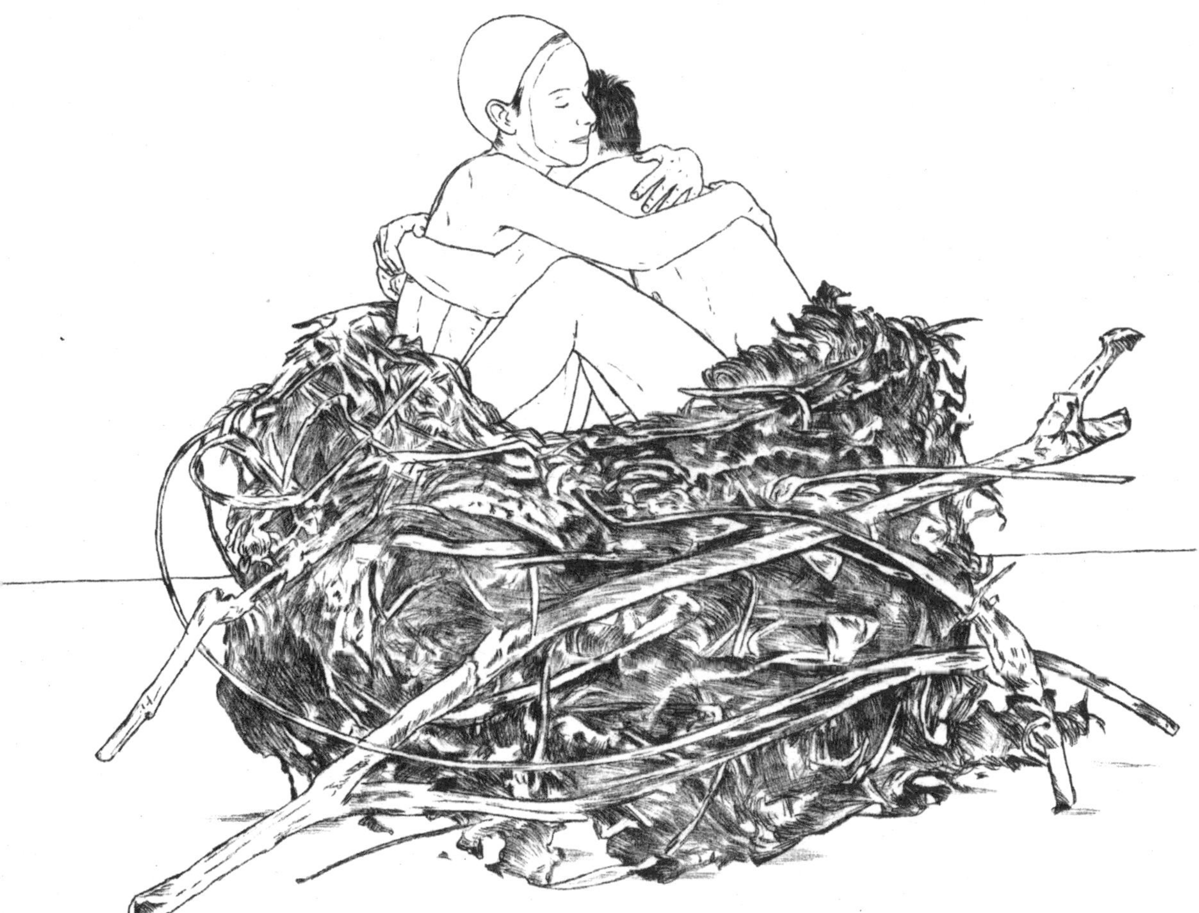

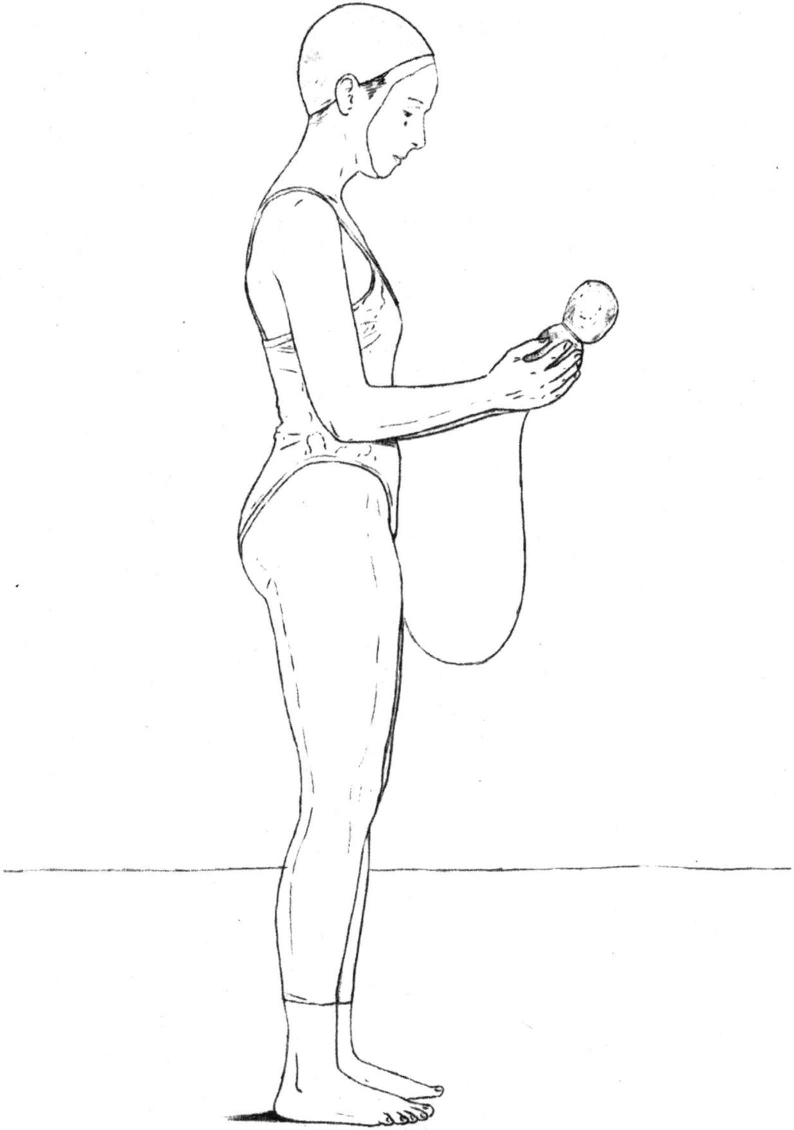

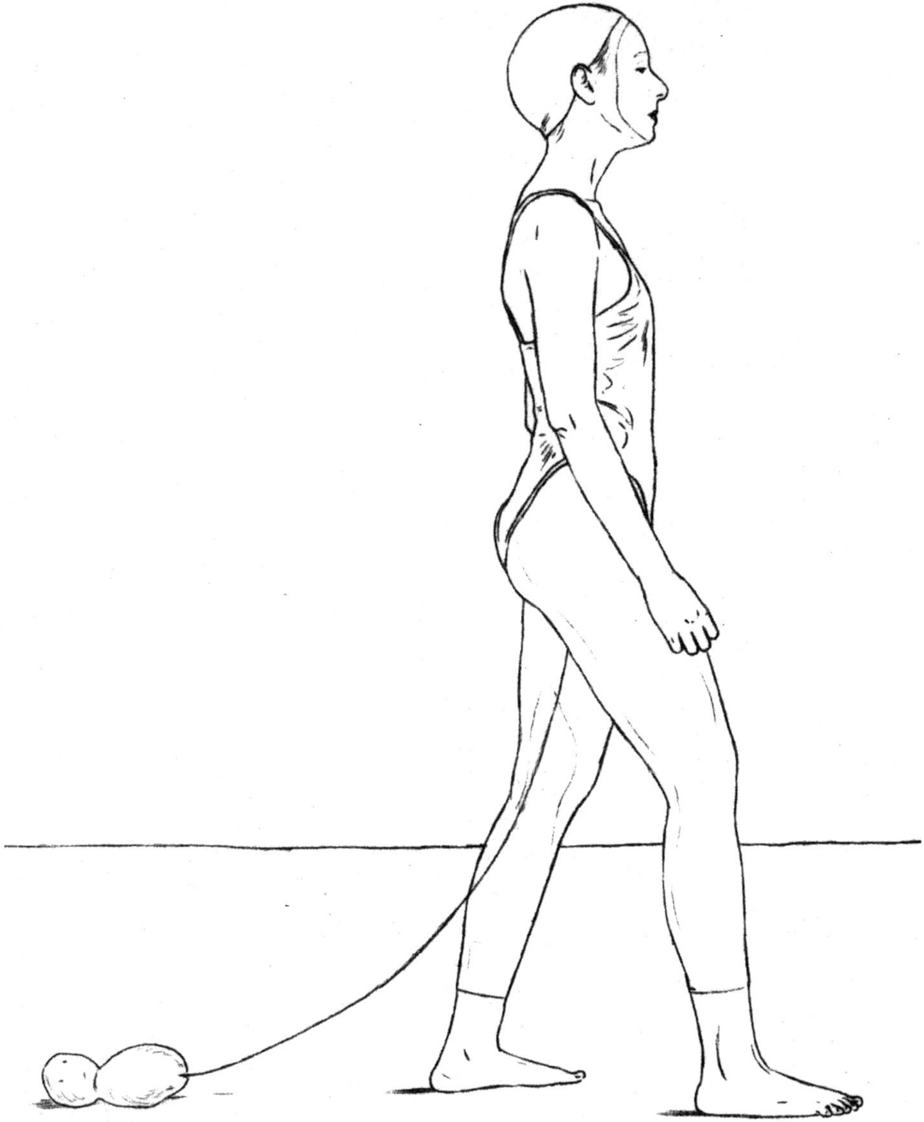

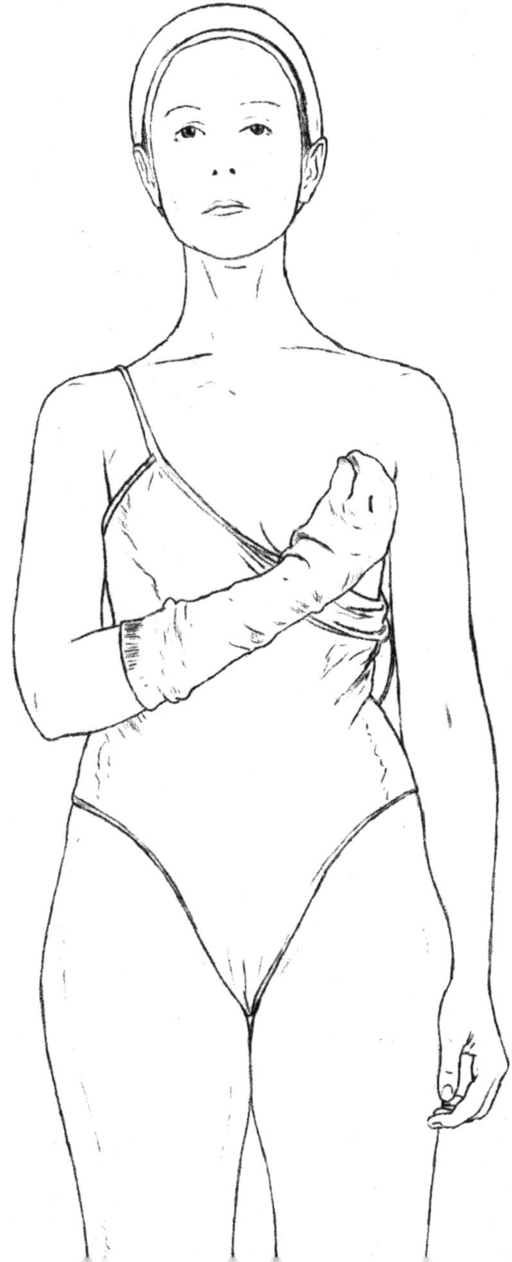

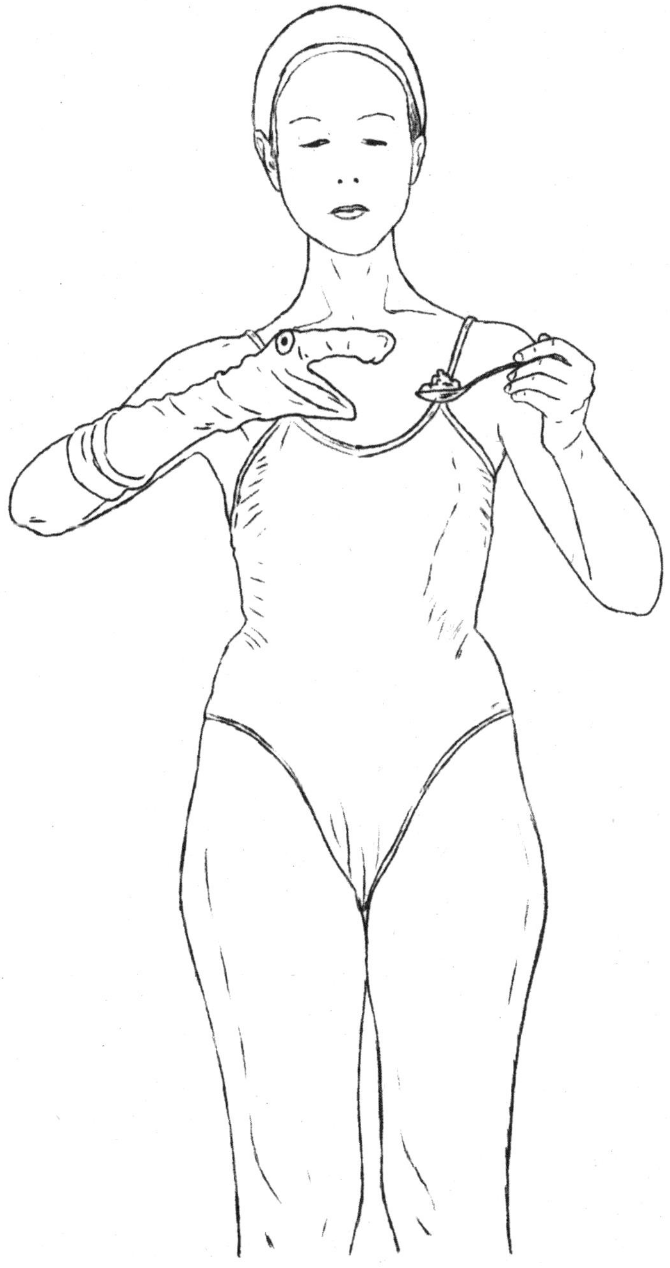

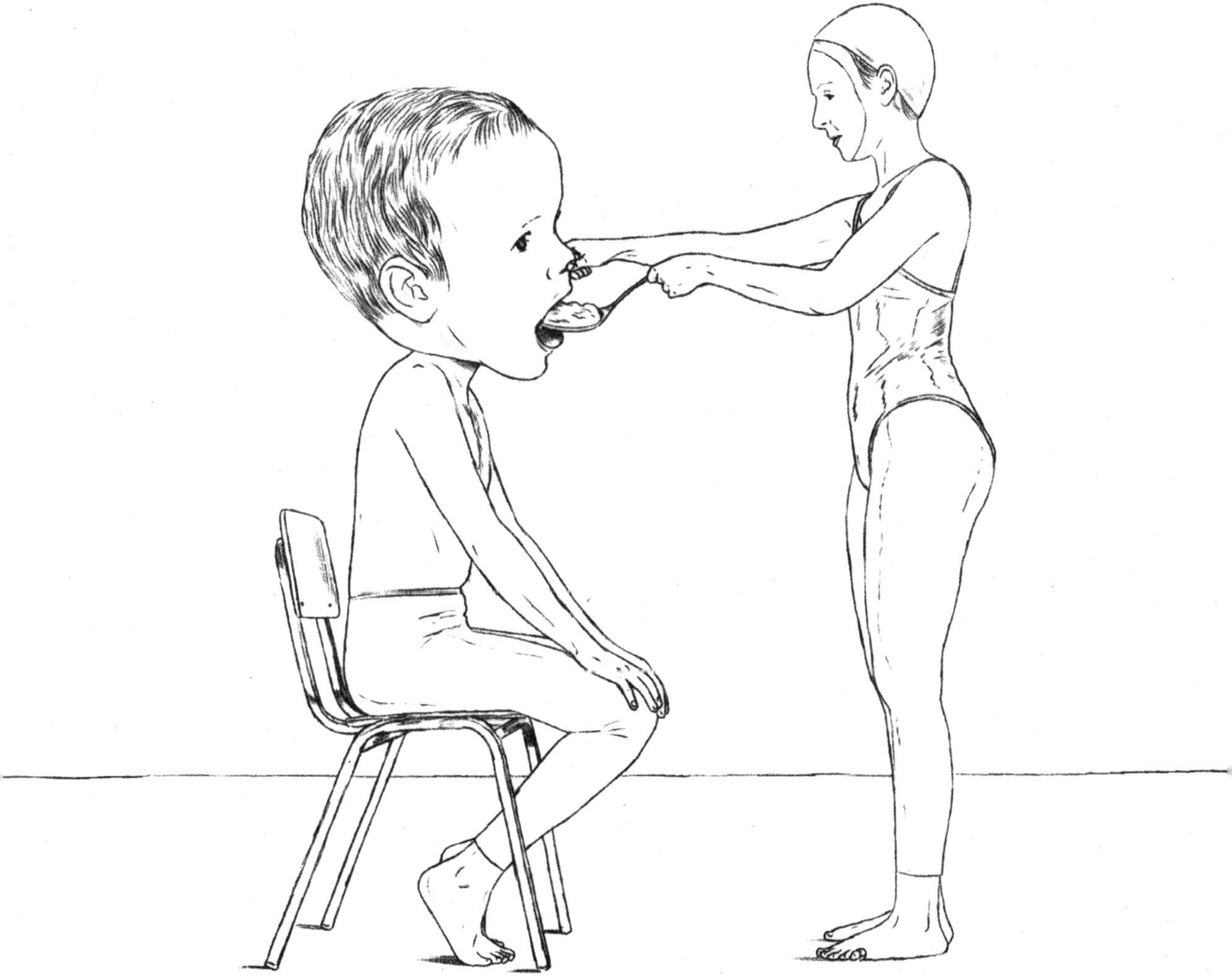

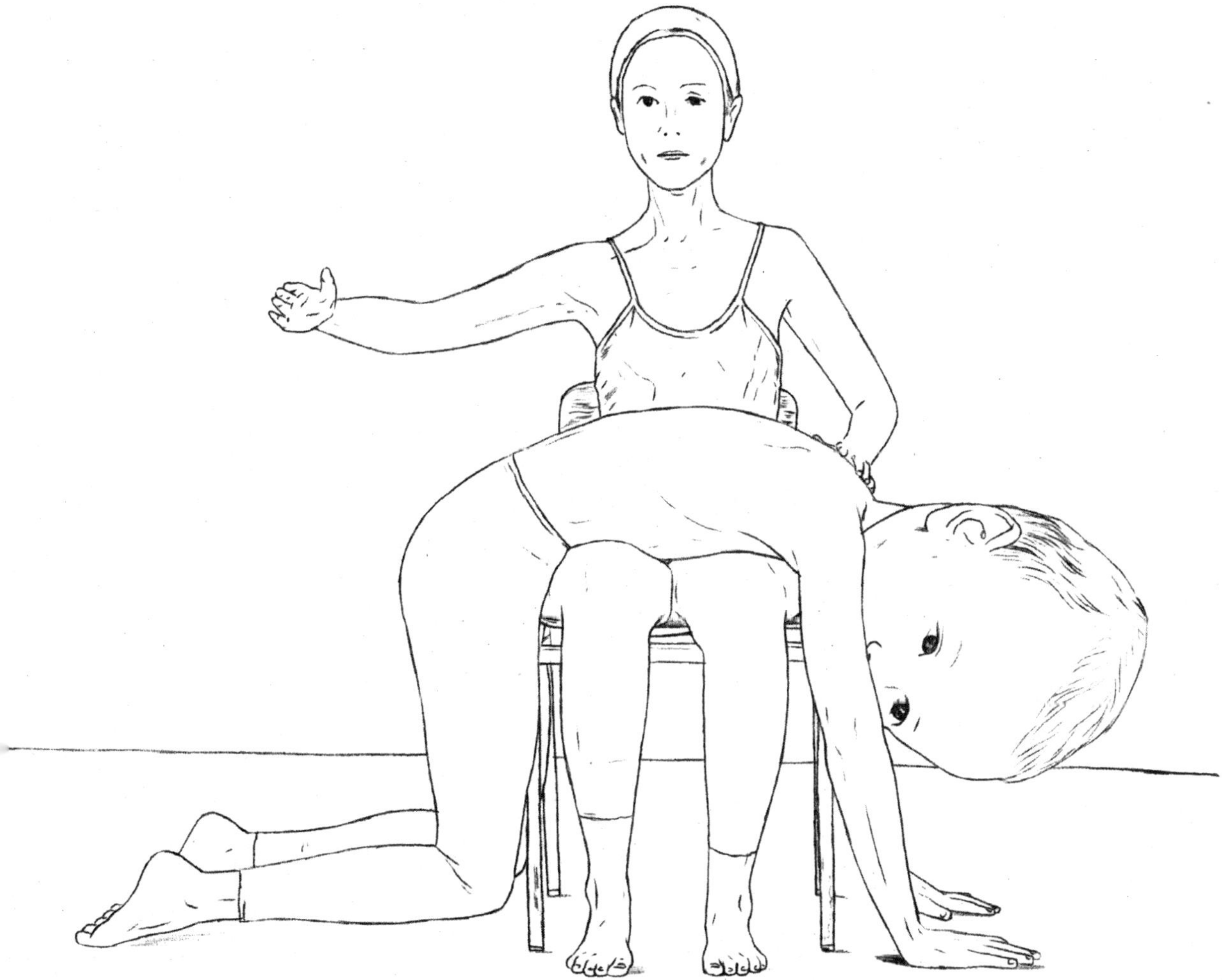

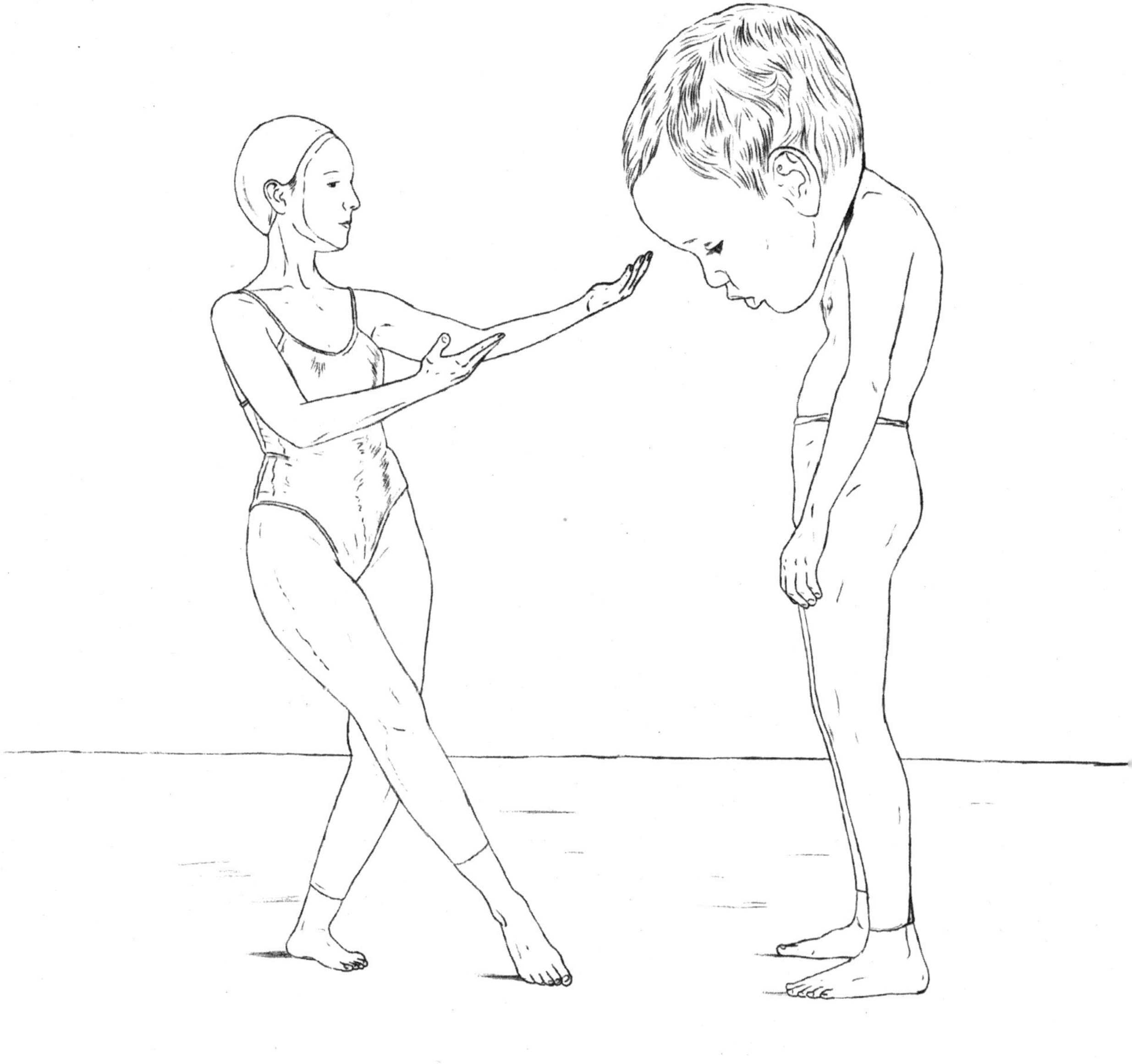

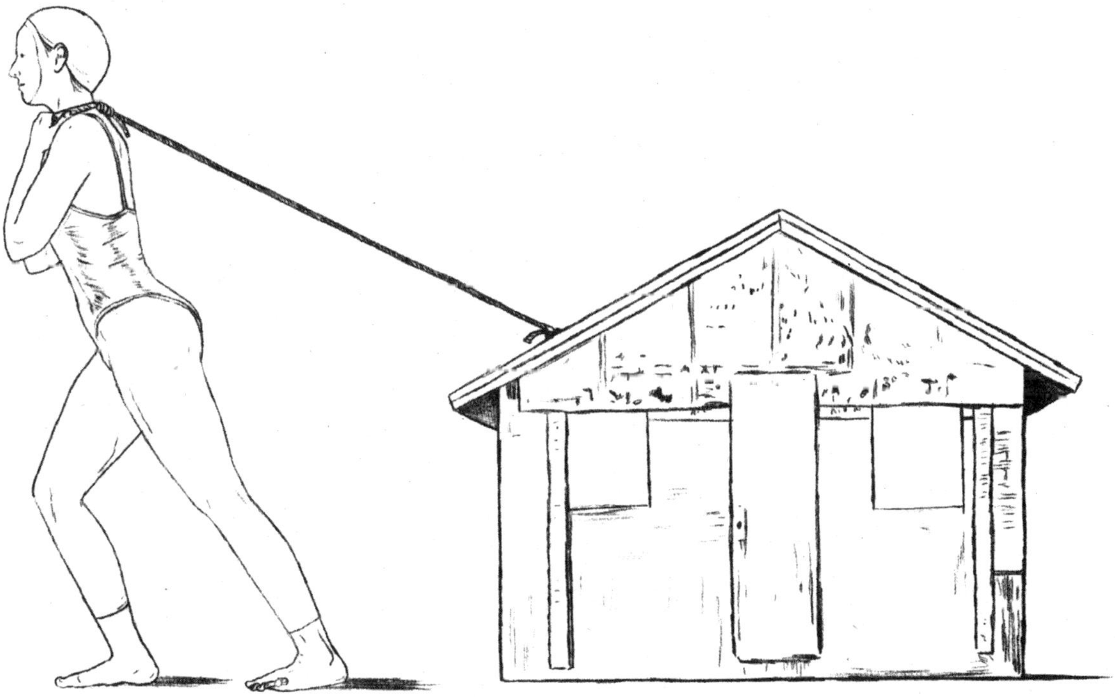

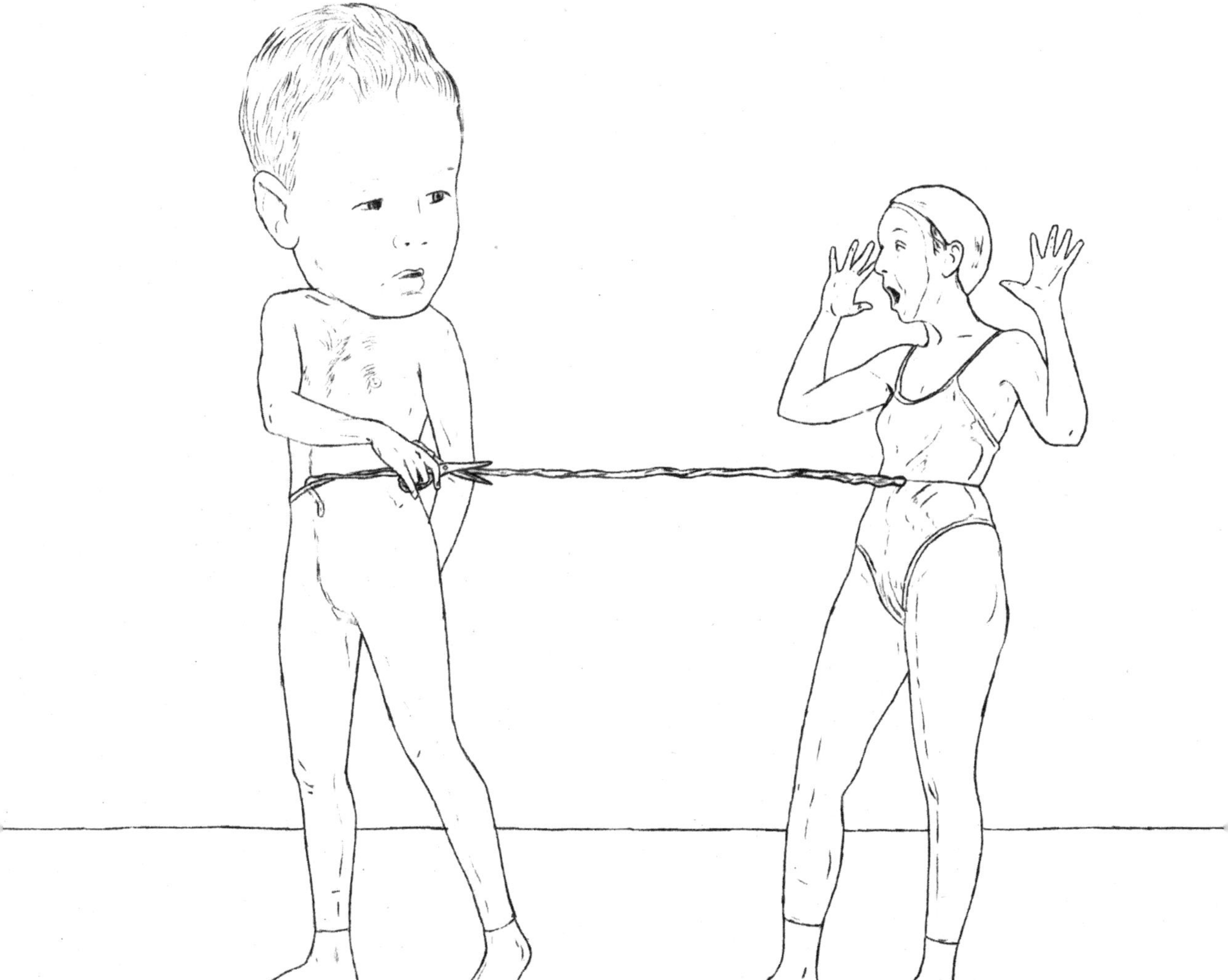

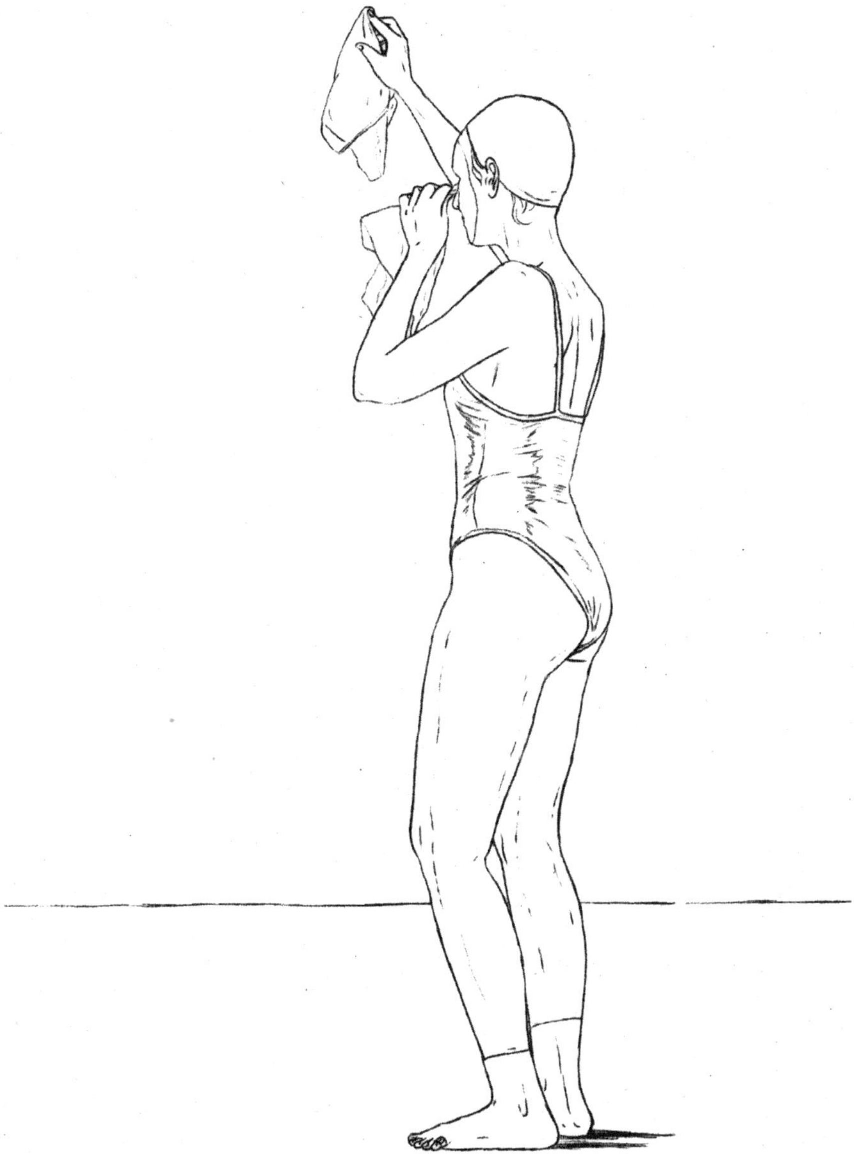

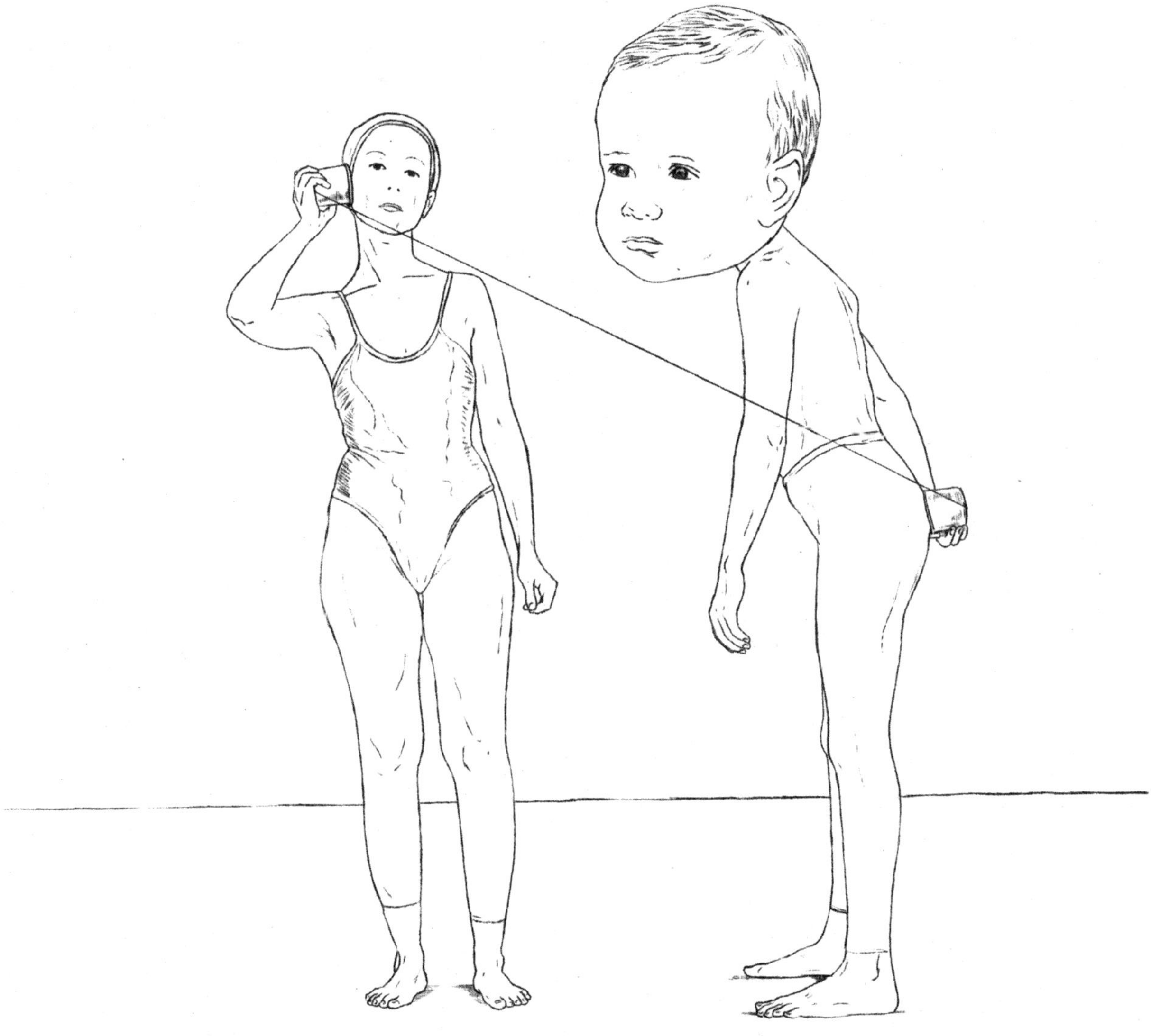

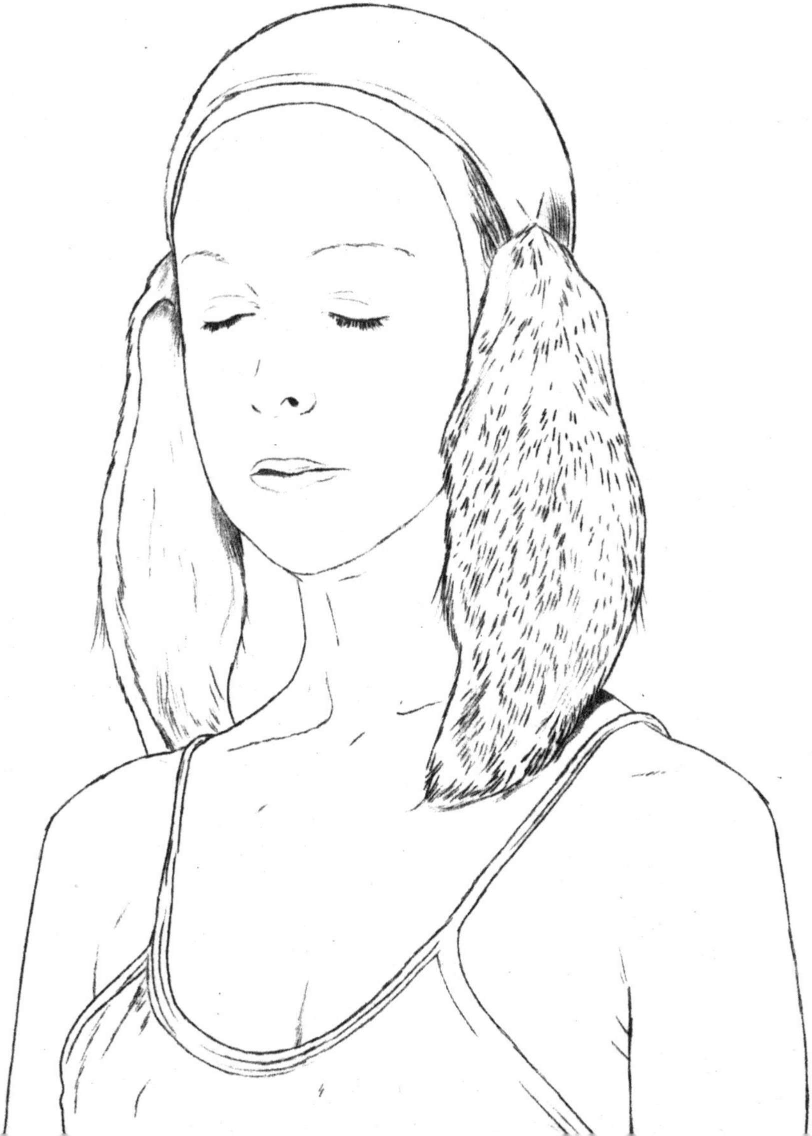

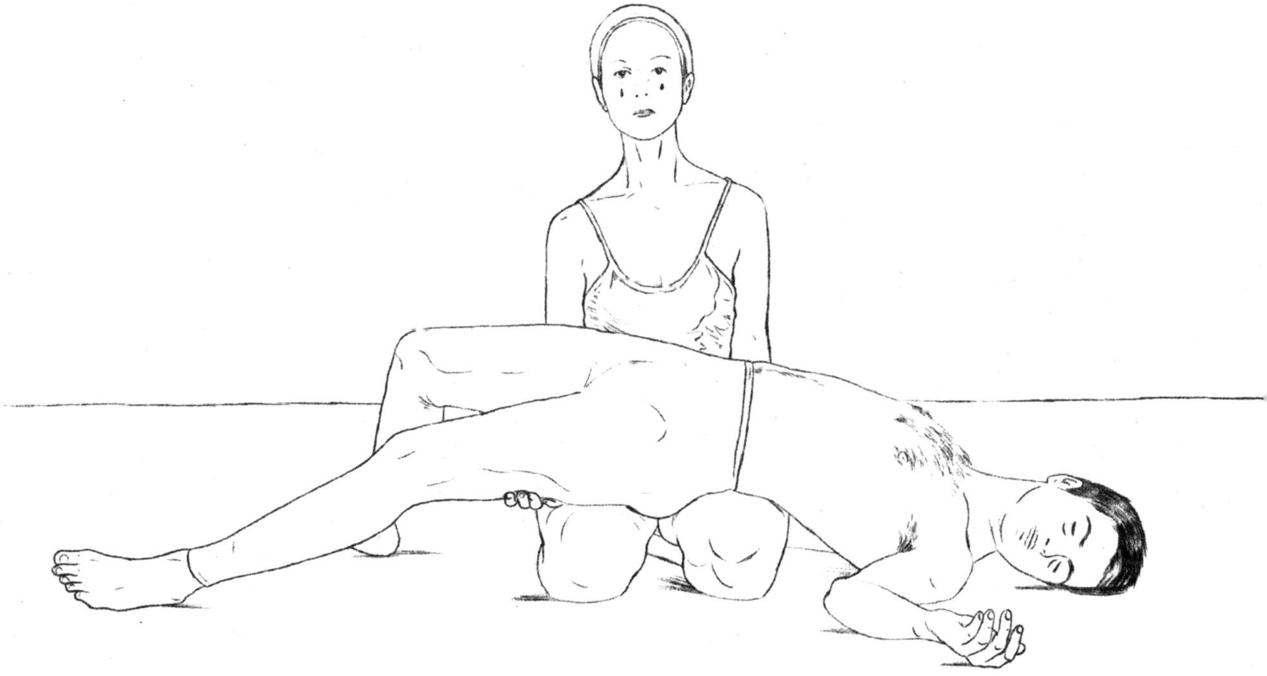

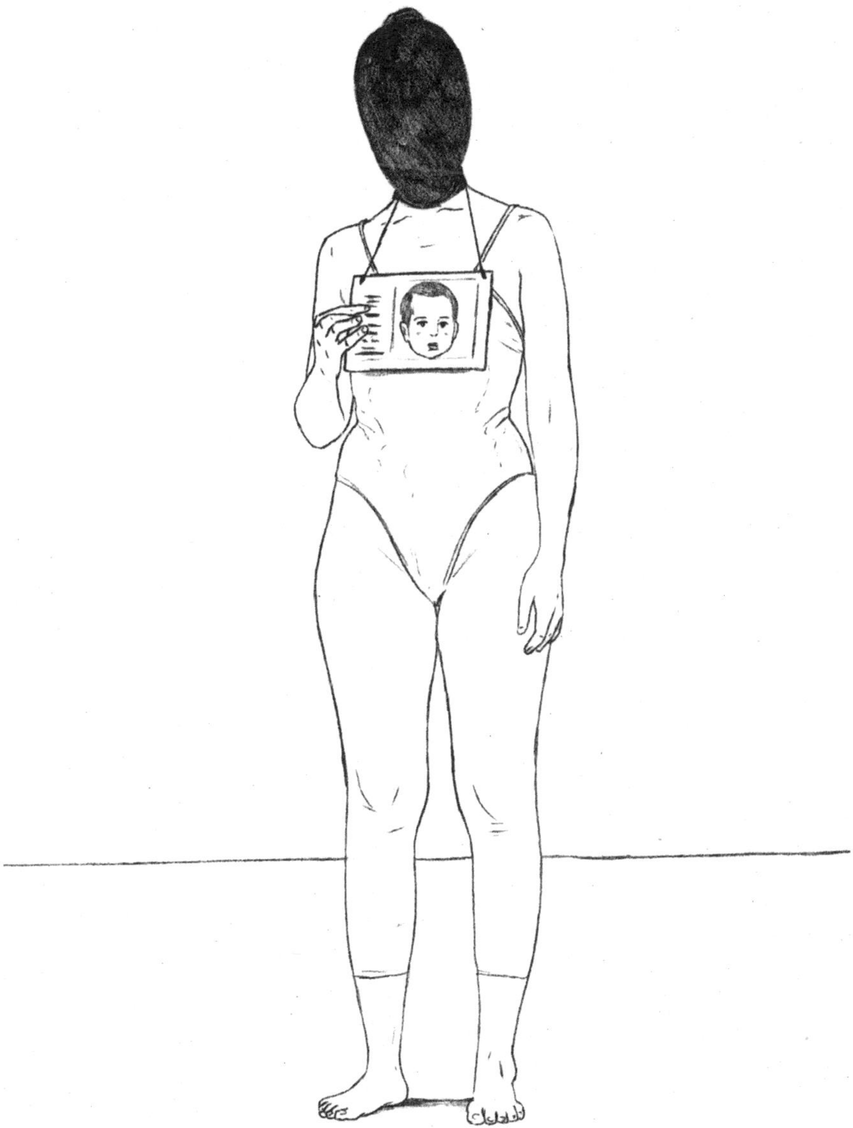

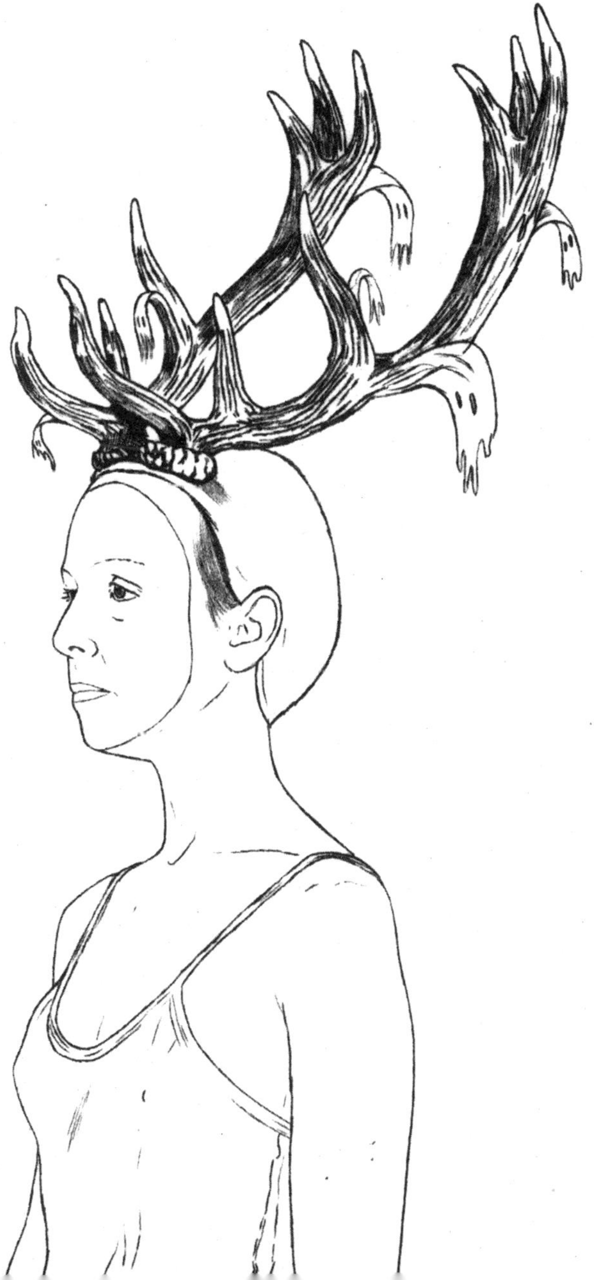

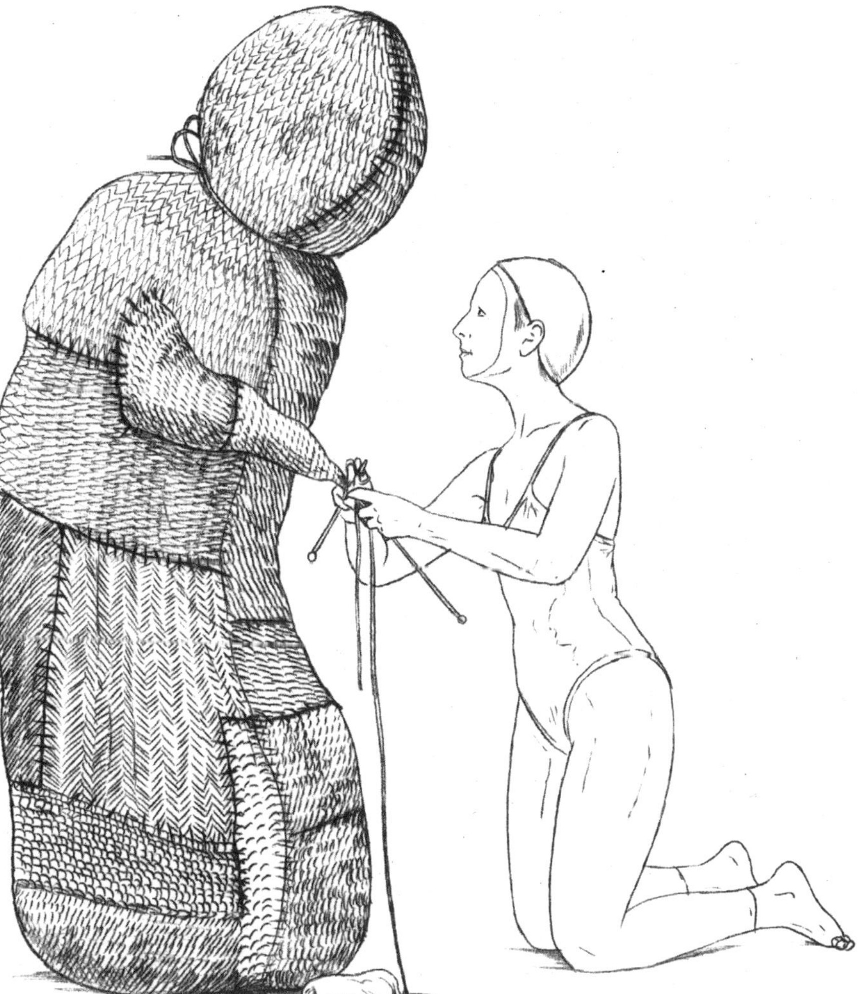

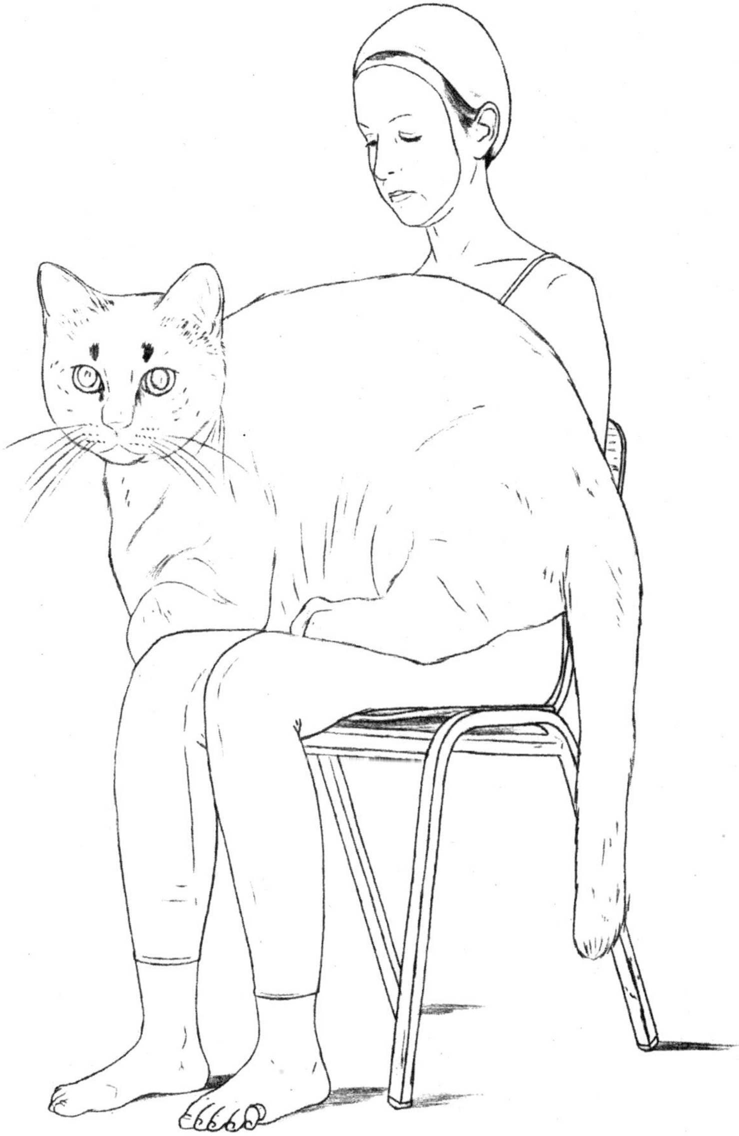

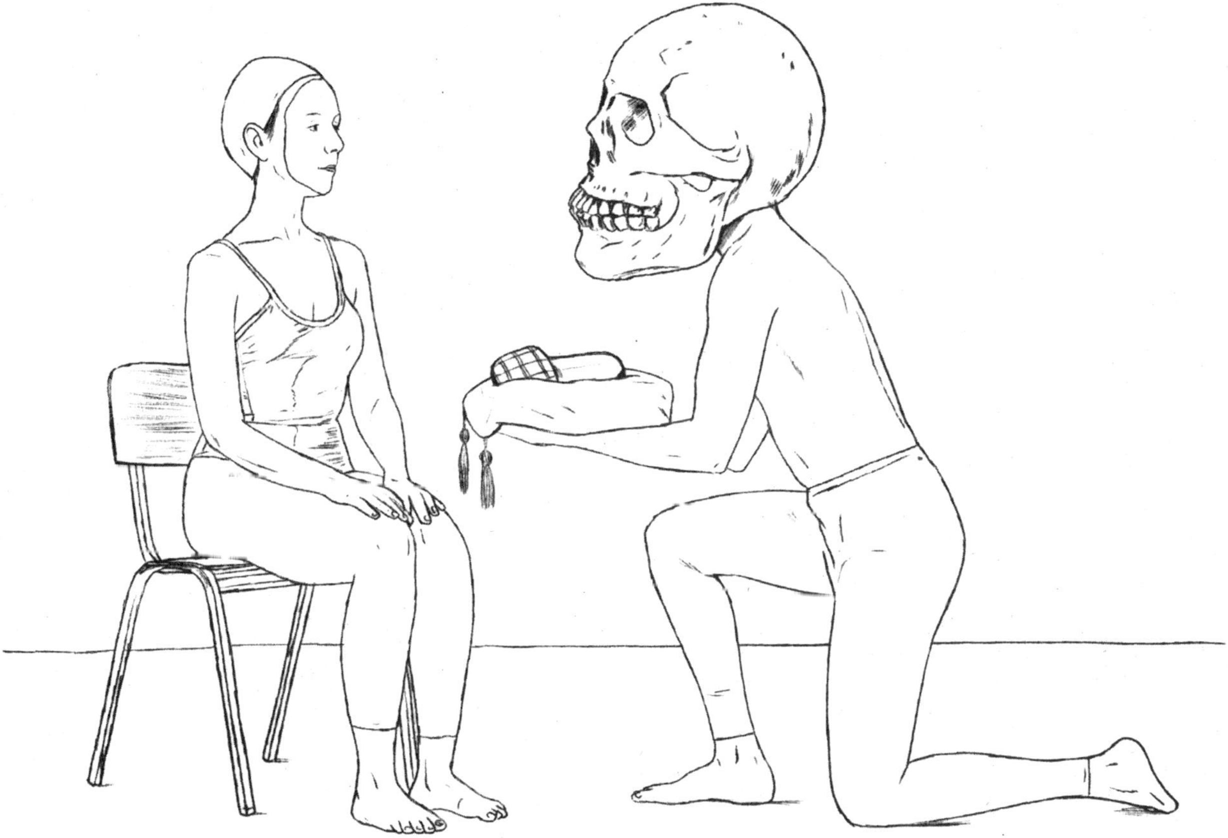

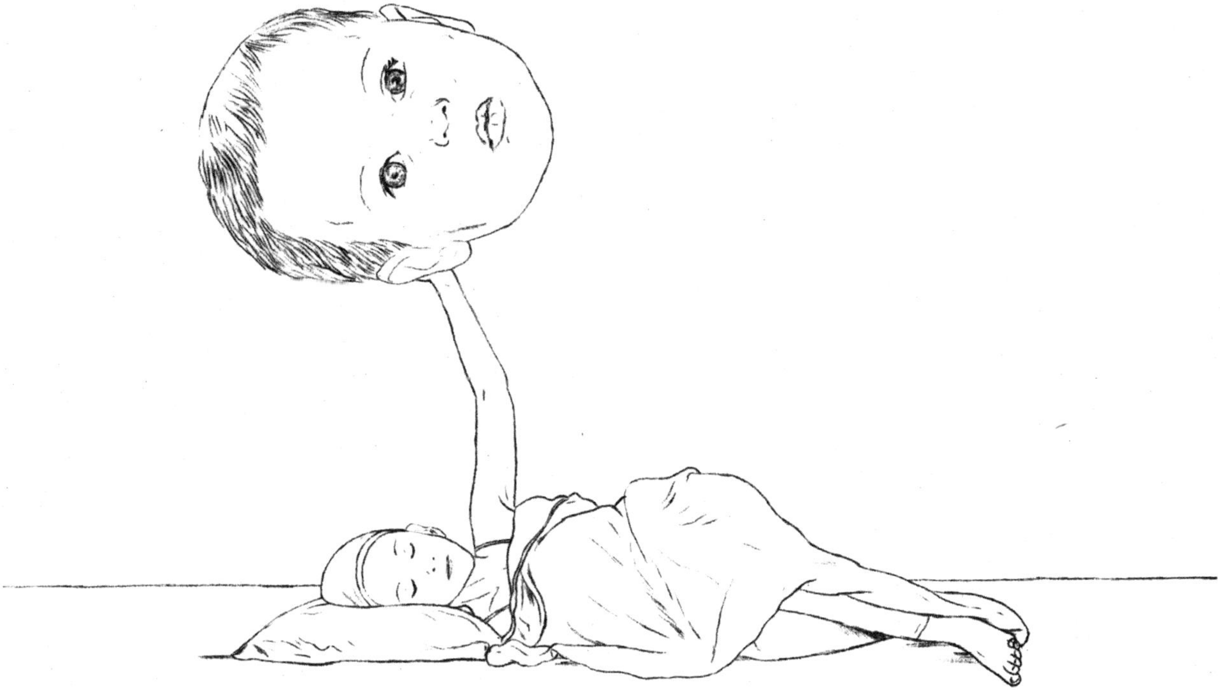

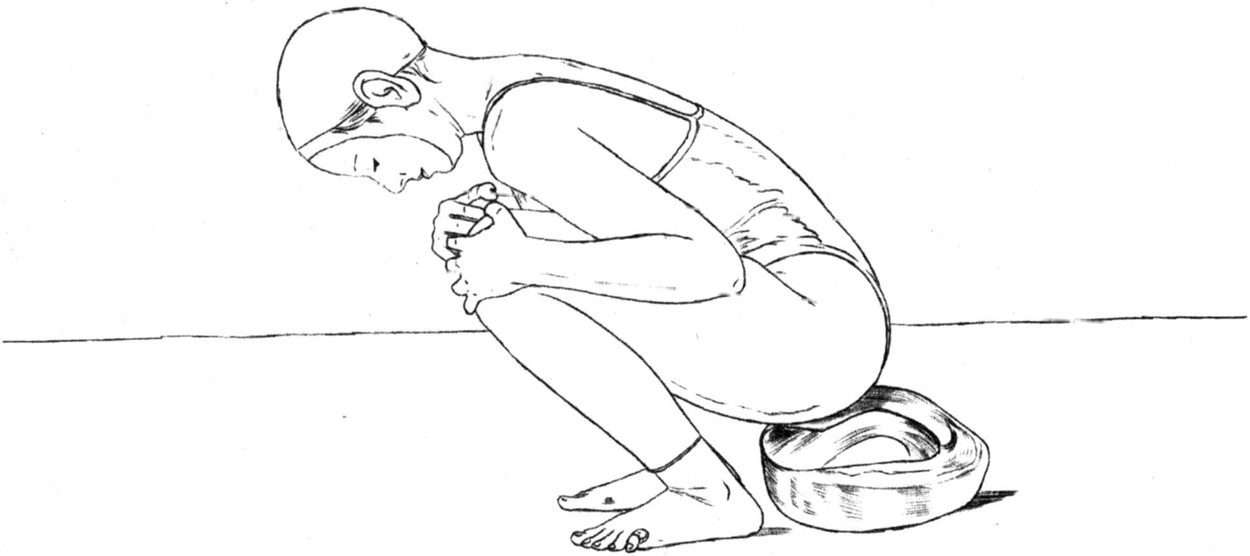

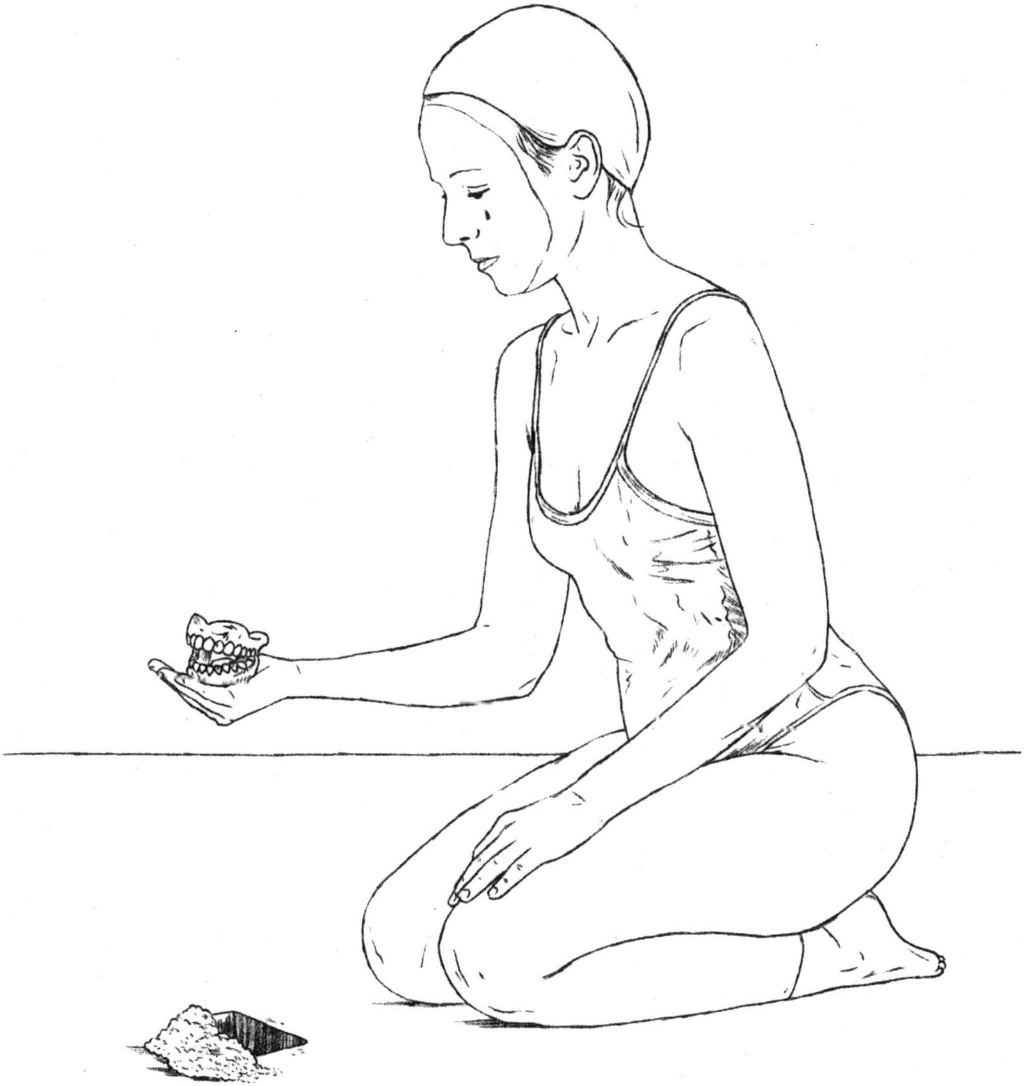

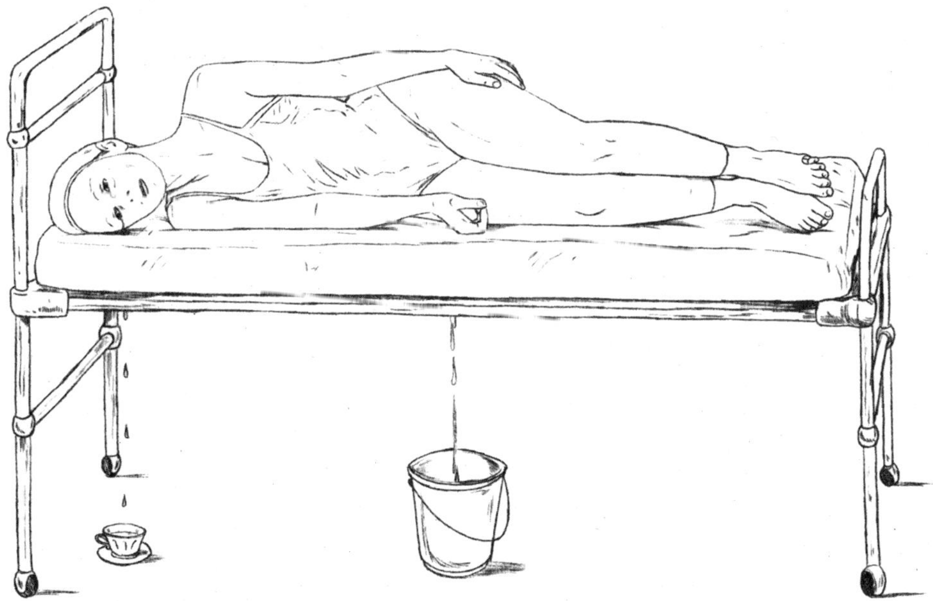

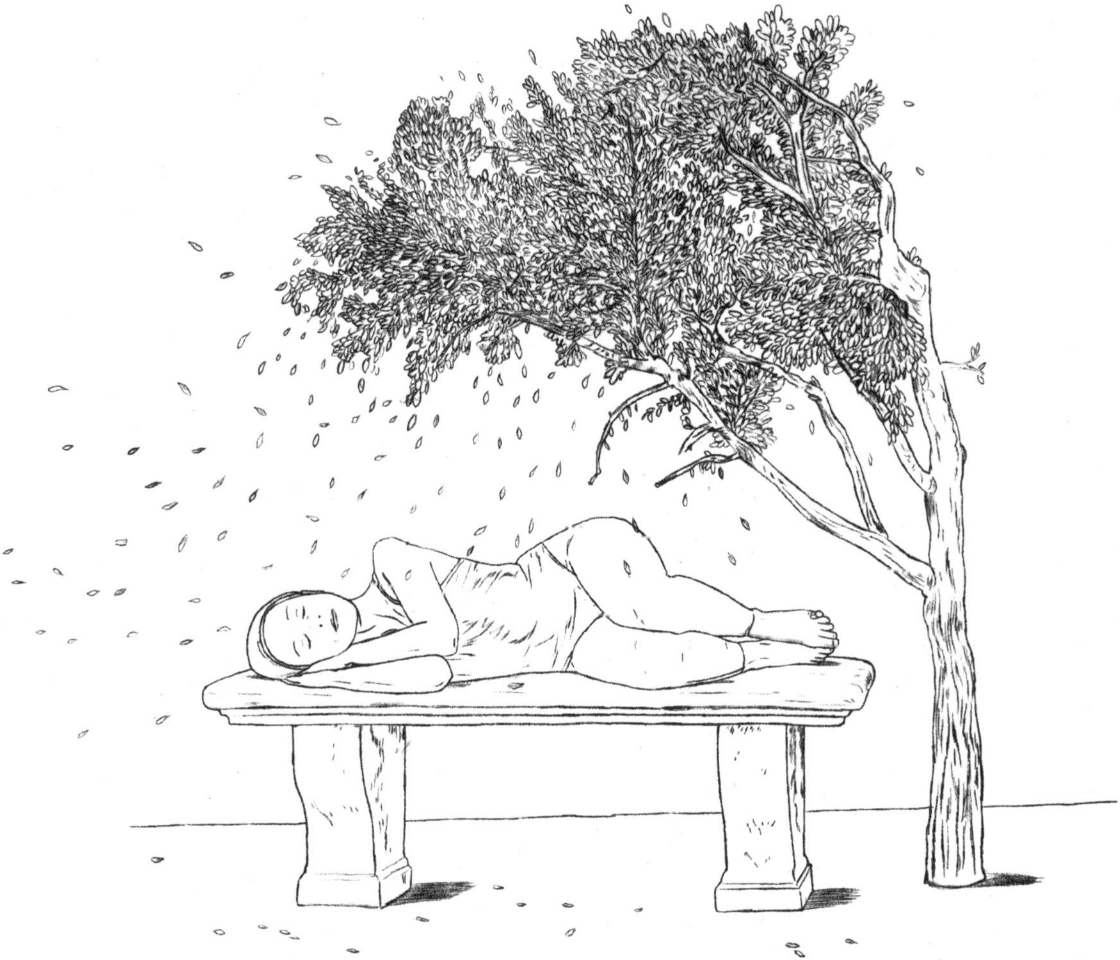

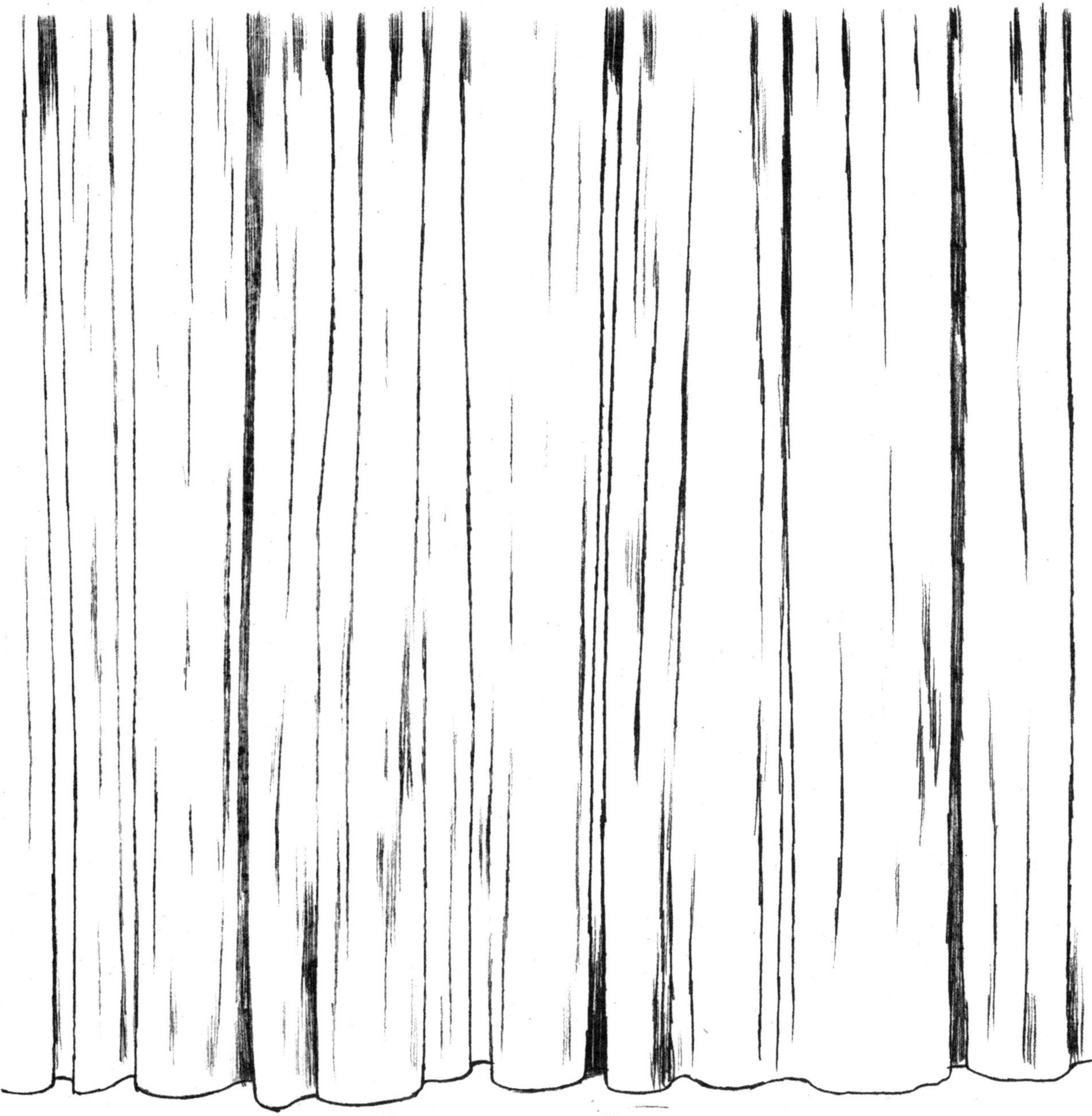

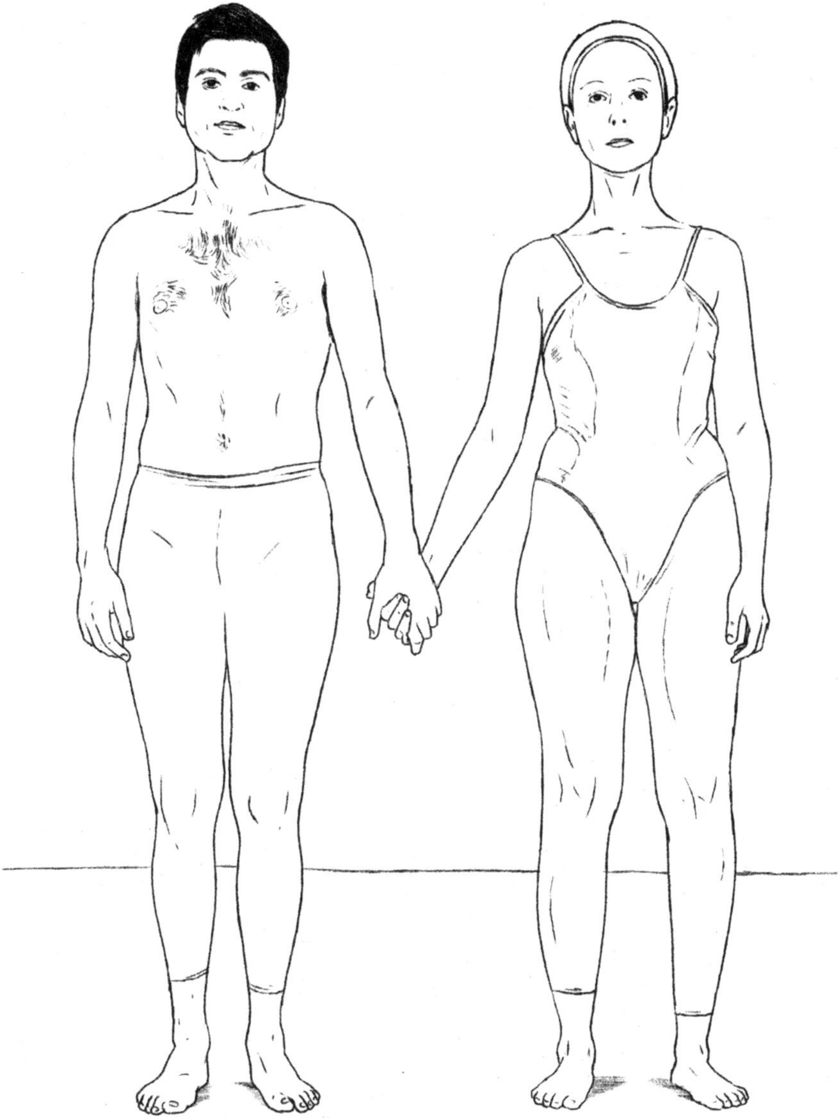

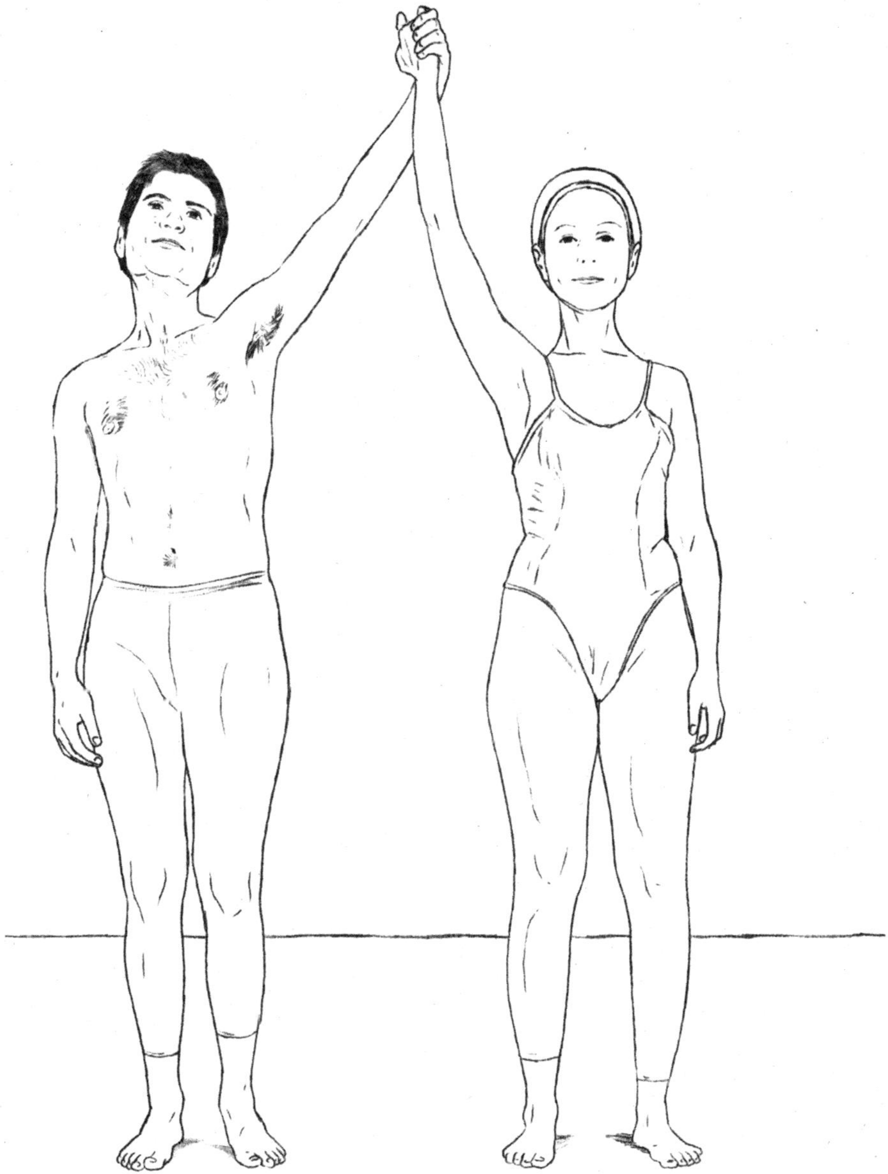

"*Escrit, dirigit i interpretat per Ruth Gwily*" —Aquest seria el subtítol més adequat per al llibre *Cycle*. La història, una versió gairebé femenina de Everyman, el famós conte medieval, està narrada sense utilitzar cap paraula. Malgrat tot, a mida que l'anem llegint, ens sentim com si veiéssim una obra a l'escenari.

En general es diu que hi ha tal quantitat d'arguments que el poder de les obres artístiques resideix en la forma de presentar-les. I, efectivament, la Ruth tracta qüestions universals presentant-les amb una tècnica molt personal. La singularitat del treball de la Ruth no deriva de la seva tècnica il·lustrativa, sinó que a més és el resultat d'una composició contínua, en la que situa les il·lustracions en un escenari il·luminat, revelant personatges allunyats de qualsevol arquetipus contemporani.

Tal com passa a *Everyman*, les màscares que porta permeten a cada home interactuar o observar des de la distància. La feina de la Ruth està basada en fotografies dirigides per ella mateixa i interpretades juntament amb el seu company. Però aquestes fotografies pateixen una profunda transformació en ser traslladades al paper i, d'aquesta manera, s'elimina la informació irrellevant o es resumeixen les qualitats dels personatges.

Els moviments o gestos marcats dels personatges, així com l'economització dels mitjans cromàtics, recorden el món de la pantomima i de la *Commedia del Arte*. Aquestes imatges carregades influeixen directament en les nostres emocions sense necessitat d'aclariments; aquelles que semblen òbvies no demanen cap interpretació i les més confuses no s'han d'interpretar.

L'absència de text, enfrontada al caràcter directe i precís de les il·lustracions, on resideix el veritable poder d'aquestes escenes, ofereix i fins i tot exigeix diverses interpretacions. De tots els temes el que més m'ha impressionat, pel que fa al tractament, és el de la infantesa.

La forma en què la Ruth contrasta aquests components extremadament personals amb la seva forma imprevista de representar-los, l'aclaparadora contradicció entre els esdeveniments universals i privats, les imatges planes, enigmàtiques i complexes, donen lloc a una obra original i extremadament conmovedora.

¶ Ora Eitan és coneguda a Israel per la seva gran quantitat de llibres il·lustrats per a nens, entre els que trobem *No Milk* i *Sun is Falling*. Etian, que ha estat nominada al premi Hans Christian Andersen, viu a Jerusalem.

"*Escrita, dirigida e interpretada por Ruth Gwily*" —Éste sería el subtítulo más adecuado para el libro *Cycle*. La historia, una versión cuasi femenina de *Everyman*, el famoso cuento medieval, está narrada sin utilizar ni una sola palabra. A pesar de ello, según vamos leyendo la historia, nos sentimos como si estuviésemos viendo una obra en un escenario.

En general, se dice que hay tal cantidad de argumentos, que el poder de las obras artísticas reside en la forma de presentarlas. Y efectivamente, Ruth trata cuestiones universales, presentándolas con una técnica muy personal. La singularidad del trabajo de Ruth no deriva únicamente de su técnica ilustrativa, sino que además es el resultado de una composición continua, en la que sitúa las ilustraciones en un escenario iluminado, revelando personajes alejados de cualquier arquetipo contemporáneo.

Tal como sucede en *Everyman*, las máscaras que llevan permiten a cada hombre interactuar u observar desde la distancia. El trabajo de Ruth está basado en fotografías dirigidas por ella misma e interpretadas junto a su colega. Pero estas fotografías sufren una profunda transformación al trasladarse a papel, y de este modo se elimina información irrelevante o se resumen las cualidades de los personajes.

Los movimientos o gestos marcados de los personajes, así como el empleo económico de los medios cromáticos, recuerdan al mundo de la pantomima y de la *Comedia del Arte*. Estas imágenes cargadas influyen directamente en nuestras emociones sin necesidad de aclaraciones; aquellas que parecen obvias no requieren interpretación alguna, y las más confusas, no deben interpretarse.

La ausencia de texto, enfrentada al carácter directo y preciso de las ilustraciones, donde reside el verdadero poder de estas escenas, ofrece e incluso exige varias interpretaciones. De todos los temas que surgen de esta historia, el que más me ha impresionado en cuanto al tratamiento, es el de la infancia.

La forma en la que Ruth contrasta estos componentes extremadamente personales, con su manera imprevista de representarlos, la abrumadora contradicción entre los acontecimientos universales y privados, y las imágenes planas, enigmáticas y complejas, dan lugar a una obra original y extremadamente conmovedora.

¶ Ora Eitan es conocida en Israel por gran cantidad de libros ilustrados para niños, entre los que se incluyen *No Milk* y *Sun is Falling*. Eitan, que ha sido nominada al Premio Hans Christian Andersen, vive en Jerusalén.

"Written, directed and portrayed by Ruth Gwily"
—This would be the proper subheading for the book Cycle. *The story, a quasi-female version of* Everyman, *the renowned medieval tale, is told without the use of one word of text. And despite this lack of words, as we read this story, we feel as if we were watching a play brought up on stage.*

One would usually say that there are only so many plots, and thus the power of works of art lies within their manner of presentation. And Indeed, Ruth deals with primal, universal matters, presenting them in a significantly personal technique. The uniqueness of Ruth's work does not merely derive from her technique of illustration, but is rather also the result of her illustrations' steady composition, in which she sets the scenes on a lit stage, revealing characters detached from any background or contemporary indications.

The masks they wear enable every man —much like in Everyman *plays— to relate, or alternately, to observe from a distance. Ruth's work bases itself on photographs, directed by her, and portrayed by her and her partner. But these photographs are tremendously transformed, as they make their way to the sheet of paper —the elimination of irrelevant information, the summarization of the characters' attributes.*

The characters' distinct motions/gestures, as well as the economic use of chromatic means, send our association to the worlds of pantomime and Comedia del Arte. *These charged images influence one's emotions, without the need for any clarifications, for those which seem obvious do not demand interpretation, and the vaguer ones —mustn't be interpreted.*

The absence of text, confronted with the accurate directing —in which lays the essential power of these scenes— offers and even demands a variety of interpretations. Of all the subjects arising from this story, the one that astonished me the most in its manner of treatment, is the matter of childhood.

The way in which Ruth contrasts these extremely personal materials, with her much unexpected form of representation, the crushing contradiction between the universal and the private incident, and the plain images, which remain enigmatic and complex, bring forward an original and extremely touching play.

¶ *Ora Eitan is well known in Israel for her many illustrated books for children, including* No Milk *and* Sun Is Falling, Night Is Calling. *Ms. Eitan, who has been nominated for the Hans Christian Andersen Award, lives in Jerusalem.*